浙江省钱塘江文化研究会

ZHEJIANG QIANTANG RIVER
CULTURE RESEARCH
ASSOCIATION

宋韵文化丛书编委会

主任 胡 坚 章 燕

编委（以姓氏笔画为序）

安蓉泉　李 杰　陈荣高　范卫东

范根才　周 膺　周小瓯　徐 勤

傅建祥

支持单位　中共杭州市上城区委宣传部

宋韵文化丛书

安蓉泉／著

宋韵静思

浙江工商大学出版社｜杭州

安蓉泉

　　二级教授，浙江省哲学社会科学"十四五"规划课题评审专家，浙江省宋韵文化研究传承中心专家委员，浙江省钱塘江文化研究会副会长，杭州市委党校教授，杭州市咨询委委员。曾任杭州市委党史研究室主任，杭州职业技术学院党委书记，杭州市政府参事。

总　序

胡　坚

宋代上承汉唐、下启明清，是中国古代文明最为辉煌的时期之一。宋代是中国历史上商品经济、文化教育、科技创新高度繁荣的时代。宋代崇尚思想自由，儒家学派百花齐放，出现程朱理学；科学技术发展取得划时代成就，中国的四大发明产生世界性影响，多领域出现科技革新；政治开明，对官僚的管理比较严格，没有出现严重的宦官专权和军阀割据，对外开放影响广远；经济繁荣，商品经济异常活跃，农业、手工业、商业等都取得长足进步；重视民生，民乱次数在中国历史上相对较少，规模也较小，百姓生活水平有较大提升，雅文化兴盛；城市化率比较高，人口增长迅速。

经济、社会的高度发达带来了文化的繁荣兴盛。兴于北宋、盛于南宋，绵延300多年的宋代文化，把中华文明推到前所未有的高度，为人类文明进步做出了不可磨灭的贡献。浙江的文化积淀极为深厚。作为中华文明史上的璀璨明珠，宋韵文化是浙江最厚重的历史遗存、最鲜明的人文标识之一。宋韵文化是两宋文化中具有文化创造价值和历史进步意义的哲学思想、人文精神、价值理念、道德规范的集大成者。什么是宋韵文化？宋韵文化不能简单地等同于宋代文化，而是从宋代文化中传承下来的、经过历史扬弃的、具有当代价值和独特风韵的文化现象，包括思想理念、精神气节、文学艺术、雅致生活、民俗风情等。具体来说，宋韵文化见之于学术思想的思辨之韵、文学艺术的审美之韵、发现发明的智识之韵、生产技术的匠心之韵、社会治理的秩序之韵、日常生活的器物之韵，集中反映了两宋时期卓越非凡的历史智慧、鼎盛辉煌的创新创造、意韵丰盈的志趣指归和开放包容的社会风貌，跳跃律动着中华民族一脉相承的精神追求、精神特质、精神脉络，是中华优秀传统文化的重要组成部分和具有中国气派、浙江辨识度的典型文化标识。

当前，我们对中华传统文化，要坚持古为今用、推陈出新，继承和弘扬其中的优秀成分。要建立具有中国特色、中国风格、中国气派的文明研究学科体系、学术体系、话语体系，为人类文明新形态实践提供有力的理论支撑。要以礼敬自豪、科学理性的态度保护和传承宋韵文化，辩证取舍、固本拓新，使其具有重大而深远的历史意义和时代价值。为此，浙江提出实施"宋韵文化传世工程"，形成宋韵文化挖掘、保护、研究、提升、传承的工作体系，高水平推进宋韵文化创造性转化、创新性发展，让千年宋韵在新时代"流动"起来、"传承"下去，形成展示"重要窗口"独特韵味、文化浙江建设成果的鲜明标识。

根据"宋韵文化传世工程"部署，浙江将围绕思想、制度、经济、社会、百姓生活、文学艺术、建筑、宗教等八大形态，系统研究宋韵文化的精神内核、文化内涵、地域特色、形态特征、历史意义、时代价值、传承创新，构建体系完整、门类齐全、研究深入、阐释权威的宋韵文化研究体系，推进宋韵文化文献资料的整理与研究，打造宋韵文化研究展示平台。深化宋韵大遗址考古发掘、保护、利用，构建宋韵文化遗址全域保护格局，让宋韵文化可知、可触、可感，为宋韵文化传承展示提供史实依据。推进宋韵重大遗址考古发掘，加强宋韵遗址综合保护，提升大遗址展示利用水平。以数字化手段赋能宋韵文化传承弘扬，全面构建宋韵文化数字化保护、管理、研究、展示、衍生体系，打造宋韵文化遗存立体化呈现系统，实现宋韵文化数字化再造，让千年宋韵在数字世界中"活"起来。加强宋韵文化数字化保护，打造数字宋韵活化展示场景，构筑宋韵数字服务衍生架构。坚持突出特色与融合发展相协调，围绕"深化、转化、活化、品牌化"的逻辑链条，深入挖掘宋韵文化元素，加强宋韵文化标识建设，打造系列宋韵文化标识，塑造以宋韵演艺、宋韵活动、宋韵文创等为支撑的"宋韵浙江"品牌，推动宋韵文化和品牌塑造的深度融合，提升宋韵文化辨识度，打造宋韵艺术精品、宋韵节庆品牌、宋韵文创品牌、宋韵文旅演艺品牌。深入挖掘、传承、弘扬宋韵文化基因，充分运用"文化＋"和"互联网＋"等创新形式，推进宋韵文化和旅游深度融合，进一步优化布局、完善结构、提升能级，把浙江建设成为国际知名的宋韵文化旅游目的地。优化宋韵文旅产业发展布局，建设高能级旅游景区集群，发展宋韵文旅惠民富民新模式。建设宋韵文化立体化传播渠道，构建宋韵文化系统化展示平台，完善宋韵文化国际化传播体系。统筹对内对外传播资源，深化全媒体融合传播，构建立体高效的传播网络，着力打造融通中外的新范畴、新表述，推动宋韵文化深入人心、走向世界，使浙江成为彰显宋韵文化、具有国内外影响力的展示窗口。

　　我们浙江省钱塘江文化研究会全体同人，积极响应浙江省委、省政府的号召，全身心投入宋韵文化的研究、转化和传播工作之中，撰写了许多论文和研究报告，广泛地深入浙江各地进行文化策划，推动宋韵文化提升城市品位，参与发展宋韵文化事业和文化产业，让宋韵文化全方位地融入百姓生活。

为了提升我们自己的思想水平和工作水平，同人们认真学习和研究宋韵文化，深入把握历史事件，精准挖掘历史故事，系统梳理思想脉络，着力研究相关课题，在此基础上，撰写了一系列通俗读物，以飨读者，为传播宋韵文化做出自己的贡献，于是就有了这套丛书。

这套丛书有以下几个特点：一是通俗性，以比较通俗的语言和明快的笔调撰写宋韵文化有关主题，切实增强丛书的可读性；二是准确性，以基本的宋韵史料为基础，力求比较准确地传达宋韵文化的内容；三是时代性，坚持古为今用，把宋韵文化与当下的现实应用紧密地结合起来，能够跳出宋韵看宋韵，让宋韵文化为当下的经济社会发展和百姓生活服务；四是实用性，丛书中有许多可以借鉴的思想理念和可供操作的方法途径，可以直接应用于文化事业和文化产业。

限于我们的研究深度与水平，丛书中一定有不少谬误，敬请读者批评指正。

2022 年 8 月 15 日

（作者系浙江省钱塘江文化研究会会长、浙江省宋韵文化研究传承中心专家咨询委员会召集人）

目 录

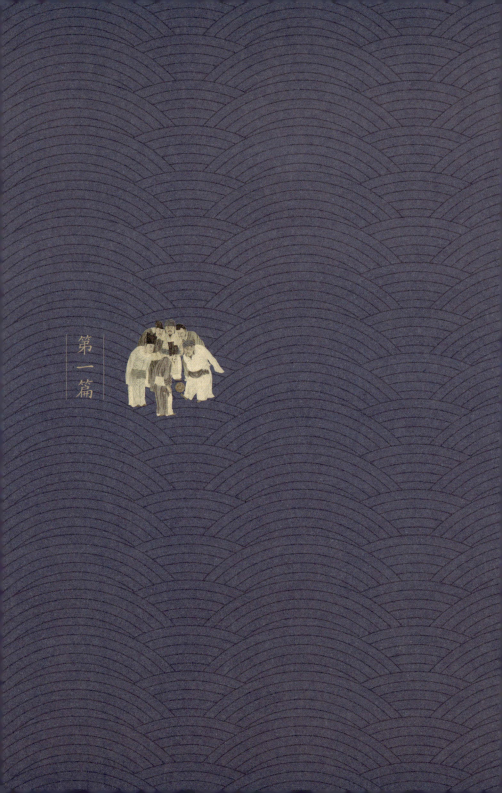

第一篇

宋代治国
方式撷英

宋朝社会,是在五代战乱、陈桥兵变、外族环伺、（皇帝）与士大夫共治天下的背景下曲折演进的。战乱使国力衰弱,兵变令皇室惊心,外敌逼国人奋起,儒学助塑造君子,士大夫多"书生意气"……这一切,给宋代的治国理政方式带来了很大影响。为了发展经济,增加财力,宋廷在城乡推动了一系列释放活力发展经济的政策。与此同时,宋朝对外的经济文化开放度不断增加,科举制度改革拓宽了平民子弟入仕和参政渠道,加上佛教经历本土化过程贴近民间疾苦,理学精神中"富民养民"思想推崇仁政善政……影响所及,宋代士大夫身上崇礼尊教和爱民仁义的情怀,如经天日月,光耀古今。

宋代官吏的权变与仁德

说到宋代，后人常对那个时代的仁德和人情味赞不绝口。以"仁"字为庙号的宋仁宗，史称其"百事不会，只会做官家（皇帝）"，这是对他宽厚仁义、唯此为大的一种评价。仁宗驾崩之日，朝野上下一片哭声，就连宫门外也挤满了前来送行的乞丐、书生和孩童。市民自动停市哀悼，燃烧纸钱的烟雾，一度遮空蔽日，令汴京城中暗无天光。甚至辽国君主耶律洪基闻知噩耗，也泪眼婆娑，要为仁宗建衣冠冢寄托哀思。

宋代社会不仅有仁慈的皇帝，各级官吏中也有一批仁义善良、以民为先的人。反映在宋代官吏身上的一些思维方式和行为特征，对今天的为政之道，仍有一定的启迪和警醒意义。

一、坚守纲纪兼修人情

纲纪、法度是治国之本，不可逾越。遵章守纪难免"六亲不认"，但在纲纪和人情之间，其实还有一定的回旋余地，而不是非此即彼，不共戴天。

宋初，大将曹彬率众兵临建康城下后，迟迟不发起进攻。

他想以大军威慑的压力迫使南唐后主李煜主动归降，以免百姓再受战争之苦。围城多日后，众将帅着急出兵，曹彬却称病不见人。众将赶来探望，曹彬说："我的病非药能治好，唯尔等发誓在破城后不乱杀一人，病才能好。"众将明白了主帅的善意，焚香明誓，表示坚决照办的决心。

第二天，城池被顺利攻破。曹彬悄悄劝败军之主李煜多带点财宝再出宫："进京后俸禄有限，趁现在还可以多带点。待我们进宫登记后，就不能再拿了。"李煜遂入宫收拾细软。可能是东西太多挑花了眼，到底带什么拿不定主意，他很长时间没有出来。众将担心有变，问："皇上怪罪下来算谁的责任？"曹彬笑道："他没主意，不会自杀。"不仅如此，"彬给五百人，使为之运宫中珍宝金帛"，派出五百人为李煜搬运宫中金银珠宝，让他想拿多少拿多少，也真算是仁至义尽了。

其实，曹彬为人一直有仁厚之风。司马光的《涑水记闻》中记载过一件事：赵匡胤还是后周手握兵权、人人敬畏的禁军大将时，曹彬在皇帝身边掌管茶酒。有一天，赵匡胤向曹彬讨酒喝，曹彬坦言："这是公家的酒，不能给你。"他虽然拒绝了赵匡胤的讨酒要求，但转身又自己花钱买酒请赵匡胤喝了一顿，既没破坏规矩，做了忠臣应做的事，又不得罪赵匡胤，避免了可能诱发的后遗症，还增进了人际关系。有人可能会觉得曹彬太会做人，其实，曹彬又不知赵匡胤后来会做皇帝，作为周世宗的近亲和近臣，能这般低调做事，友善待人，实在是一种做人境界。

赵匡胤做皇帝后，对群臣回忆起这件事时感叹："周世宗

〔宋〕佚名《宋太祖坐像》（台北故宫博物院藏）

的部下中能够做到忠诚其主人的，唯有曹彬啊！"言语中透出对曹彬的欣赏和敬重。这样的评价，固然和赵匡胤的贤明分不开，更多的归因于曹彬的处事能力——人都是要面子的，将心比心，谁能保证曹彬断然拒绝大将赵匡胤后，所向披靡无人能敌的赵大将军，就一定能彬彬有礼、君子之风，一定就心无不快呢？曹彬不仅奉公律己，坚守原则，而且权衡利弊，珍惜友情，这才是赵匡胤对他评价甚高的真正原因。

二、权变规则以民为先

规则、政令在先，恪守政命是官员的本分。但在执行公务过程中，程序与民生发生错位、政命与民利发生冲突的情况经常发生。平日里把"以民为先"挂在嘴边容易，但在发生错位、冲突时能不能创造性地实施规则，对官员"以民为先"的意识、胆略和能力都是一种考验。

宋真宗咸平二年（999）夏天，濮州鄄城（今山东菏泽鄄城）人张咏出任杭州知州。时逢庄稼歉收，百姓生活无着，很多人贩卖私盐求生，州府抓捕了几百人准备重判。张咏要求全都减轻刑罚，将这些人遣散回家。部下担心道："现在不严加制裁，恐怕今后很难禁止类似情况。"张咏回道："钱塘一带十万家民众，饥饿的人有八九万，这些人如果不靠贩卖私盐养家糊口，一旦民不聊生，像蜂群一样聚而为盗，岂不成为更大的祸害？等秋天有收成了，再按旧法办事吧。"

因去除湖南苛政留下美名的太原府盂州人李允泽，赴潭州（今湖南长沙）任知州时，也曾遇到灾年。他担心百姓食不果腹，就准备先打开官仓赈济灾民，以解燃眉之急，然后再奏请上报。主管财赋、监察的转运使不同意，认为这样做不合程序。李允泽解释道："等待报准需一个多月，到那时灾民早就饿死了。"

不料，第二年潭州又遇灾年，转运使再也不肯同意先开仓放粮。李允泽提出以自家财产作为抵押，这才得以先行赈济灾民。他还招募饥民中能够服役的人去服兵役，转运使要求把兵员派去防御邵州蛮人，李允泽劝道："如今蛮族没有发兵侵扰，兴无名之师只会增加边境祸患。而且这些兵员饥肠辘辘，羸弱不堪，也不合适去戍守边关。"遂上奏朝廷，要求停罢此事。湖南安抚使陈尧叟从民间得知这些情况，将其政绩上奏朝廷。宋真宗下诏给予了嘉奖。

三、"抗命"体恤民生之艰

曾在北宋年间担任过睦州、杭州知州的范仲淹，给杭州留下了钓台严先生祠和千古传颂的名句"云山苍苍，江水泱泱，先生之风，山高水长"，留下了《潇洒桐庐郡十咏》《出守桐庐道中十绝》《和章岷推官同登承天寺竹阁》等山水诗文，留下了在杭州救灾济民的"荒政三策"（后被宋廷写进赈灾条例）。就是这位范仲淹，一生因为上书直言，四进四退，但他一往无前，"不知悔改"。

明道二年（1033）七月，江、淮、京东一带遭遇旱灾和蝗灾。中书省右司谏范仲淹奏请皇帝应派人去解决灾情，宋仁宗忙于其他政务，没有及时回应。范仲淹心忧灾情下的百姓疾苦，挺身责问皇帝："如果宫中君臣半天吃不上饭，该如何是好？"仁宗无言以对，就派范仲淹到灾区去赈灾安民。范仲淹每到一处就开仓放粮，减免茶役和盐赋。他在返京时还特意带上了一把灾民充饥的野草，请仁宗皇帝尝尝，并请皇帝展示给后宫贵戚，以此警示宫中节俭度日。担任副宰相时，面对诸多顽疾，范仲淹发起"庆历新政"力推改革，终因新政受挫再贬出京，在扶疾赴任途中溘然长逝，年仅六十四岁。范仲淹"先天下之忧而忧，后天下之乐而乐"的千古名句，正是他不计个人安危、一生忧国忧民的真诚独白。

景德元年（1004）十一月，辽国骑兵出河间，入德州，兵临黄河北岸的澶州城下。宋真宗在王钦若等主和派的怂恿下，准备与辽国订立议和盟约。他派遣曹利用为和谈使节，并私下"交底"：只要辽国能退兵和谈，除土地不能割让，要银两百万也可。寇准闻知，心有不甘，想减轻百姓重负，减少国家损失，便又悄悄交代曹利用："皇上要议和，当臣子的无法改变。你去辽国和谈，赔款如超过三十万，回来后我砍你的脑袋！"

曹利用既奉了皇命去和谈，又明白宰相寇准的苦心。谈判开始，辽国代表颐指气使："太后御驾亲征，就是为了收复祖先土地，要是不割关南之地，我们无脸回去！"曹利用不卑不亢回怼："我来谈判，也没打算活着回去！如果你们誓要关南之地，那和谈到此为止，两国只能兵戎相见了！"经过几番激烈的讨价还价，双方最终以宋朝年奉三十万岁币达成和议。

曹利用回宋复命时，宋真宗正在吃饭。牵挂和谈结果的真宗命宦官问情况。曹利用说："这是国家大事，必须亲自禀报。"宦官要他简略说一下，好先回禀皇上，曹利用伸出三根手指。宦官以为是三百万，马上禀报皇上。真宗一听有些吃惊，连说"太多了！太多了！"，但转而又说，"姑且了事，三百万亦可"。

等曹利用上朝报告谈判情况后，才知岁币是三十万，真宗大喜过望，认为这是谈判的一大胜利，又是封赏又是写诗，以示庆贺。殊不知正是宰相寇准冒险"抗命压价"，才有了如此结局。

四、自由裁量和睦为上

纵观古今中外，在同样的程序、规则和政策条件下，官员手中其实都有一定的判断曲直、权衡利弊和决断是非的"自由度"。同样的事情，不同执法者给出的结论和处理，可能差异很大，从中，可以看出官员的素养、仁德与否和执政能力的高下。

张咏任杭州知府时，有个名叫沈章的男子，状告自己的哥哥沈彦侵吞家产。张咏升堂后了解到，自沈氏兄弟父亲离世后，家财一直由兄长沈彦管理。沈章长大成人后，兄弟两人于三年前分家。弟弟一直觉得哥哥分割家产不公，不断告状要求重新分配家产。前两任知府认为，悌敬兄长是为弟之本，应该懂得报答兄长恩情。弟弟沈章从小被兄长沈彦照顾，父亲去世后更是长兄如父。于是从"五伦八德"中"长幼有序"的孝悌观出发，认为沈章不懂敬重感恩兄长，还将兄长送上公堂，有违伦理纲常，就都驳回了沈章的要求，还对他进行了相应惩罚。

张咏任杭州知府之后，沈章再次告状。张咏开始也认为是沈章做得不对，命人将其暴揍一顿，但沈章受刑时大呼冤枉的情景在他脑海中挥之不去。某日张咏走过一条街巷，想起这是半年前告状人沈章家所在地，便传令让沈氏兄弟两家人出来，各站在自家门外。他问沈彦："你弟弟说你分割家财不公，你到底分得公平还是不公平？""回大人的话，我当时分得很公平，两家财产数量一样。"沈彦坦然作答。张咏转头问弟弟，沈章依旧梗着脖子说："不公平！哥家财多，我家财少。"张咏思忖片刻道："你们兄弟争执数年，沈章始终不服。本官下令，你们对换家产，各自带上自己全部家人到对方家宅居住。从今日起，兄长沈彦的家产全部归弟弟沈章所有，弟弟沈章的财产全部归兄长沈彦所有！"在场的人听到张咏这个判令，一时不解何意。张咏道："兄长说两家财产完全相等，对换一下并不吃亏；弟弟感觉兄长的家财多，对换住宅总该心满意足了吧！"众人恍然大悟，纷纷拍手叫好。

有一户家庭的妻弟与姐夫因家产争讼。女婿说岳父临终时其儿才三岁，交代让自己掌管资产，且留有遗嘱，写明将十分之三的财产分给儿子，其余十分之七归女婿。张咏要来遗嘱翻阅，果然如此，便拿酒洒在地上，真诚地说："你岳父是聪明的人。他把年幼的儿子托付给你时，如将七分家产留给儿子，儿子就可能死在你手里了。"然后口风一转，命令将十分之七分给那儿子，十分之三留给女婿。张咏的判决既肯定了老人生前安排，有利治下子民的家庭和睦，又遵循了遗产留儿的传统习俗，众人都佩服他的英明。

五、匡扶正义为民申冤

一味求善，在实际生活中经常难以实现，因为善恶相倚，无法回避，生活中总有人为非作歹，也总有人蒙受冤屈。除恶需要胆略，匡正必有阻力。匡扶正义，为民申冤，就成为现实社会从善积德的重要内容。

眉州（今四川眉山）陈希亮任大理评事时，主管长沙县政事。当地禅师海印国师和垂帘听政的章献太后关系密切，与其他权贵也交往深厚，常常侵占百姓土地，民众告状没人敢接案子。陈希亮到任后，一位青年农民递上了诉状，说他家几亩水田被海印霸占。陈希亮正要升堂审理，一位部下忙告知他海印国师的"背景"，劝他慎重。陈希亮大怒，很快就查证了海印的犯罪事实。他先下手为强，没等海印有所准备就秘密将其拿下，迅速审理并尽快结案，将其治罪法办。一时全县上下震惊，百姓传诵。

青州百姓赵禹上书朝廷，称赵元昊必定反叛，宰相认为赵禹口出狂言缺乏依据，把他流放到了建州。后来赵元昊果然反叛，赵禹遂告官要求平反，官府不接他的案子。他逃到京城为自己申辩，宰相发怒，在开封把他下狱。陈希亮不给宰相面子，据理力争，认为赵禹应该受奖赏而不该加罪，双方争辩不休。皇帝下令释放了赵禹，封他做徐州推官，并且要陈希亮做御史。正碰上外戚沈元吉调戏民女和杀人灭口之案，陈希亮提审嫌犯查明实情，不料那沈元吉经受不住公堂威严，竟当堂倒地，被活活吓死。沈家状告陈希亮，皇帝下令处罚陈希亮及相关几位官吏。陈希亮说："杀死这个坏人的唯我一人。"把全部罪责揽在自己身上，被免官贬为平民。

后经名臣富弼推荐，陈希亮被重新起用。有人状告华阴人张元通敌西夏，宋仁宗大怒，派人把张元家族老少一百多人悉

〔宋〕佚名《仁宗坐像轴》（台北故宫博物院藏）

数抓捕，押解到陈希亮治理的房州。这些人大多是老弱病残，一路颠沛劳顿，加上恐慌惊吓，不少人病倒。陈希亮明知仁宗的想法，依然仗义上疏仁宗："元事虚实不可知，使诚有之，为国者终不顾家，徒坚其为贼耳。此又皆其疏属，无罪。"派人五百里快马加鞭进京呈奏。宋仁宗看过信后沉思良久，觉得陈希亮言之在理，心中有善，便下令释放了张元的族人。史籍载：房州府内宣读皇帝诏书后，张元家一百多名族人纷纷跪在陈希亮面前，个个泪如泉涌，说："现在我们可以返回故乡了，可怎么舍得离开您这样的父母官？"他们画了陈希亮的画像，一直供奉在家族祠堂中。

宋立国三百余年，虽然面临着来自内部与周边的诸多难题和挑战，但仍然创造了中国历史上经济、文化和科技发展的辉煌成就，在政治文明、制度建设和人性发展方面也抵达了独到境界。这些成就与宋代士大夫仁德公正、善待百姓的从政精神有着密切关系。这些中国古代优秀的政治传统文化，对于今天的政治文化建设和官场人格塑造，依然有重要的借鉴意义。

宋朝社会，是在五代战乱、外敌环伺、与士大夫共治天下的背景下演进的。战乱使国力衰弱，兵变让皇室害怕，外侵令国人奋起，文人士大夫参政尽显"书生意气"……，这也给理政处事带来了一些变化。随着经济发展和社会变迁，普通民众有了较前更多的生存空间和发展机遇。相对于唐代贵族制、门阀制的政治生态，宋代为了发展经济，增加财力，在城乡开展了一系列的释放生产力和开发经济活力的政策措施。与此同时，对外经济文化的开放度不断增加，科举制度改革拓宽了平民子弟入仕的渠道，佛教正在经历本土化过程，其教义贴近民间从善需求，理学精神中"视民如伤""爱民利民""富民养民"的仁政思想，等等，使得整个社会对"人"的关注和教养得到提升。反映在城市布局上，唐代都城长安还是半军事化管理的城郭，宋代都城开封则是市坊开通、官民混杂。城市户口出现，士农工商身份流动频繁，以"重商"为标志的市民思潮和世俗文化兴起，街头、勾栏、茶室中说书、杂耍、演戏、品茶等市井文化大行其道。与之相应，诗词、散文、绘画、民间教育等，开始渗入大量平民阶层的要素和意境。

古代英豪终成枯骨，宋代距今已越千年。在物质生活、科技发展已远胜过往的今天，读旧史令人心生敬仰，思前贤催人奋力前行。值得后人思考的是：为什么在一千年前中国社会能出现如此平民化、人文化的社会景象？以至于涌现出那样一大批不怕丢官、不惮流放、不唯升迁、追求仁德的良臣好官？从宋代社会的发展背景中，我们多少看得出一些端倪，其中，爱民教化、信民放手、平民入仕、保民国策、为民善举、怜民荒政以及高层率先垂范、民众知政参政等制度文化土壤的培育，构成了上述景象的综合成因。

宋代民本实践的传承价值

中国古代的"民本"思想，始于夏商周时期，春秋战国时得到发展，至汉代达到比较成熟的阶段。此后历朝历代不断有所补充演绎，从先秦时期孔子的"为政以德"、孟子的"民贵君轻"和荀子的"君舟民水"思想，到汉唐时期贾谊的"民为政本"、唐太宗的"日食三餐，当思农夫之苦，身穿一缕，每念织女之劳"等，再到明清时期的思想家提出的将"万民忧乐"作为行政标准、"众为邦本，土为邦基，财用为生民之命"等思想，直至近代受到西方民主思想影响，梁启超的"轻赋税、开民智、兴民权"、孙中山的"三民主义"主张等，民本思想得到了新的提升。

尽管中国古代的"民本"思想由来已久，且历代承袭演绎，蔚为大观，但君与民、政与商、国家与庶民、政权与民众的关系，似乎成为一个说得越来越好、做得虽在进步却总不如人意的难题。

《资治通鉴》里讲过这么一个故事：贞观二年（628）的一天，唐太宗李世民在浏览隋炀帝手迹后，对身边的魏徵慨叹："炀帝讲的都是尧舜之言，何以灭亡？"魏徵答道："讲尧舜之言，行桀纣之实，好话说尽，坏事做绝，蒙蔽百姓，鱼肉天下，焉有不亡之理？"

唐太宗深有感触地说："讲尧舜之言，行桀纣之实，口是心非，言行不一，其国灭身亡的教训，离我们不远，应当引以为鉴。"

隋炀帝也许是个特例。但唐太宗开疆拓土，一世英名，后继者也多有英才，曾经疆域辽阔、各方来朝、国力强盛的大唐王朝，面对农民起义和藩镇势力的威胁，最后还是被推翻了。

读史念今，曾经达到古代经济文化高峰地位的宋代，其民本思想和实践中一些有益的东西，值得我们思考和汲取。

比如，不尚空谈办实事。

宋太祖赵匡胤在一次召见群臣时，当着众人夸奖说话办事都很得体的张融，许诺要封他做司徒长史。由于政务太忙，操心事太多，任命通知迟迟未下达。张融便在太祖召见时，骑着一匹很瘦的马前往。太祖见了后问："你的马怎么这么瘦，你给它多少粟米吃啊？"张融早有准备："每天一石。"太祖再问："每天吃一石粟米会这么瘦吗？"张融答："我许诺给它一石，可没有照着去做呀。"第二天，给张融升官的命令就颁下来了。

外敌环伺、君臣共治、反对空谈、科举制改革、平民子弟入仕等多重因素，使得宋朝朝野上下重视民意、了解民情和关注民生。浙东永嘉学派继承了王安石"为天下国家之用"的实用主义思想，认为不能撇开事功抽象地谈义理，提出"功到成处便是有德，事到济处便是有理"的主张。在这样的社会背景下，长于理学论道但缺乏治国经验的朱熹自然得不到重用，国家科举制考题也转向侧重经世致用的内容。同时，宋代回应民意需求，扎扎实实制定施行了开放夜市、租房补贴、照顾孕妇、提供义诊、收养弃婴、帮助穷孩子上学、给灾民提供食宿、设"常平仓"救济贫民、为鳏寡孤独提供生活物资等惠民政策，使民众得到了实惠，实实在在提高了国家在民众心目中的威信，也为忠君爱国思想奠定了物质基础。

再如，放手让百姓致富。

中国历代王朝实行的"重农政策"有利于社会秩序和农民收入的稳定，但这一政策也抑制了商业交往、农业后劲和综合生产力的发展。宋太祖为了富国强兵，诏令"榜商税则例于务门，无得擅改更增损及创收"，宋太宗诏令"自今除商旅货币外，其贩夫贩妇细碎交易，并不得收其算"，都强调不得妨碍交易，不得勒索刁难，不得与民争利。而且，营商才能优异者，还可以为官参与国家治理，以改善政府官员治理经济运转的能力，避免国家过多干涉自由经济的运行。

尤其难得的，是宋代正面提出了"四民皆本"的主张。北宋仁宗朝士大夫郑至道提出"古有四民：士农工商。士勤于学业，则可以取爵禄。农勤于田亩，则可以聚稼穑。工勤于技巧，则可以易衣食。商勤于贸易，则可以积财货。此四者，皆百姓之本业"，永嘉学派叶适也提出"夫四民交致其用，而后治化兴，抑末厚本，非正论也"。商人价值的发现和被推崇，是一种思想解放和理念更新，使得宋代百姓的生活空间和致富机会大大增加。

宋代重商并不忽视农本经济，采取了一系列推动农业经济发展的改革探索，如公田公种、减免税收、"垦田有其权"、设立"劝农使"、设立官私农场、允许买卖田地、奖励兴修水利等。这些积极措施加上农业技术的进步，大大提高了劳动生产力。农业、商业的繁荣，使一些农户直接进入城市谋生或合伙从事买卖活动。这不仅带来了收入的增长，还使农户的眼界、见识和精神生活变得丰富，进而推动了城市生活的繁荣和市民社会的进步。

又如，国策以民生为重。

考察宋朝的重大决策，很多都与不扰民、不伤民、保证民众休养生息的指导思想相关联。从赵匡胤"陈桥兵变"开始，就蕴含了通过兵不血刃、市不易肆、民不受扰完成改朝换代的政治特征和进步意义，而其"杯酒释兵权"，也彰显了过程短、影响小、成本低的权力交接效应——政府的所有花费，说到底都是民众血汗钱的消耗。此后，宋代的"不杀士大夫及上书言事者""与士大夫共治天下""先南后北（不包括契丹）"的统一国策，赎买燕云十六州的设想（没来得及实现），以及厚待废帝、不许杀人等决策，说到底都是为了让百姓免遭、少受兵燹和战争涂炭，是以民为本在国策中具体而生动的体现。

还如，官员为民尽责任。

在杭州，至今还广为传颂着陈襄、苏轼疏通钱塘六井、苏轼创建安乐坊、洪皓使金传气节、岳飞青山埋忠骨、施全勇刺权臣秦桧、文天祥皋亭抗辩、郑兴裔义庄行善、余杭设常平米仓等诸多宋朝官员为民服务的善行义举。除上述以外，其实还有很多珍贵的历史故事值得挖掘。

〔宋〕郭忠恕《宋岳阳楼图》（台北故宫博物院藏）

　　比如，人们都知道范仲淹在《岳阳楼记》中抒发"先天下之忧而忧，后天下之乐而乐"的云水襟怀，知道他在《严先生祠堂记》中以"云山苍苍，江水泱泱，先生之风，山高水长"的名句称颂严光的高风亮节，但很多人不知道，范仲淹知睦州时，给杭州留下了《潇洒桐庐郡十咏》的瑰丽诗篇，不知道他在睦州"使君无一事，心共白云空"登高望远的心境和为民办事的善行。

　　范仲淹为什么能写出上述千古名篇？这不仅因为他腹有诗书气自华，更在于他的爱民情怀。范仲淹从小随母亲改嫁到朱家，受尽寄人篱下之苦。入仕后他曾奉命率军镇守延州，抵御了西夏进犯，还培养出狄青等一大批能征善战的武将。范仲淹还曾多次上书，推动了著名的"庆历新政"。以下几件小事，也能反映出他为民尽心尽力的情怀。

范仲淹调任杭州知府时，已经六十一岁了。当时遇到灾情，他巧妙调节物价，救民于水火，解民于倒悬，其所提出的"荒政三策"被宋廷写进赈灾条例，供全国效仿。范仲淹的子弟建议他在杭州购置田产，以利今后安享晚年，被他严词拒绝。但出资在家乡购买了良田千亩，建立了范氏义庄，找贤人经营，收入分文不取，全部用以接济范氏家族生活艰难的人们。

范仲淹一生因为上书直言，在官场上曾四进四退。他被贬到饶州后，梅尧臣给他写了一首《啄木》诗和一篇《灵乌赋》。在《啄木》诗中，梅尧臣劝他不要像啄木鸟一样，啄了林中虫，却招来杀身祸；在《灵乌赋》中，则说他在朝中批评的话太多，被人们当作不祥的乌鸦叫，劝他除了吃喝随意外，平时把嘴巴紧紧闭住。范仲淹回了一篇同样题目的《灵乌赋》给梅尧臣，他在文中写道，"宁鸣而死，不默而生"，表达了他无论如何都要坚持真理的决心。这句名言，和他的另一句名言"先天下之忧而忧，后天下之乐而乐"一样千古传颂，史书中也给予了很高评价。

宋代士大夫对君臣共治局面的贡献

　　说到宋代的国家治理，人们常常谈到君臣"共治天下"的局面，赞赏宋代君主不杀进言士大夫的"圣明"，治理环境的"宽松"，进而产生某种歆羡之情。的确，作为宋代"祖宗家法"的开创者，赵匡胤吸取五代十国教训，忌惮"陈桥兵变"旧事重演，一手打造了宋代君臣共治局面，可谓"第一推手"。虽英年早逝，且此后宋代再没出现像他这样身经百战、胸怀宽广又有政治智慧的君主，但宋代却延续了三百多年，并创造了辉煌的历史。

　　问题来了："第一推手"执政十六年后离奇去世，后代君主的执政能力均无法望其项背，宋代君臣共治局面又是怎样真正形成，继而得到延续的呢？

一、宋代并不盛产伟大君主

　　一般而言，在封建君主专制时代，君主处在"主动"地位，可以主导一切大政方针，但如果君主本人缺乏文治武功，他的"主导性"就让人担忧了。

宋代一共十八位君主，北宋九位，南宋九位。其中最为典型的代表人物，是北宋开国君主赵匡胤和南宋第一位皇帝赵构。

赵匡胤无疑是中国历史上最伟大的皇帝之一。他加快了五代十国混乱局面的平定，实现了全国的大部分统一。他调整文臣武将作用，改革陈旧官僚体制，加强中央集权统一，为宋代奠定了新型治理框架。可惜他去世太早，很多主张提出后实施时间不长，而这些主张在他身后才遇到挑战。

赵构作为在乱中继位、受命于危难之际的南宋首位君主，他在历史上的地位是撕裂的。他贪恋权位、放弃北伐、杀害岳飞、苟安求和，但因他建都临安、屈辱求和让南宋休养生息百年，在推动中国经济文化中心南移的过程中，又促进了南北交融和南方经济、文化和科技的大繁荣。

其余十六位皇帝，大体可以分为三类。

第一类，有作为、有贡献，但治国能力有明显缺陷。如宋太宗赵光义，他推进其兄未竟的统一事业，迫使割据漳、泉二州的陈洪进和吴越王钱俶纳土归附，亲征北汉结束了五代十国的分裂局面；他推动编纂《太平御览》等书籍，大规模扩大科举取士，进一步走上了"崇文抑武"之路。但他缺乏武功，攻辽兵败高梁河中箭后仓皇逃回，再度北伐又被辽击溃；对定难军（党项）、静海军（交趾）割据藩镇用兵，也都未能如愿。如果再联系其在太祖执政时结党营私尾大不掉、在哥哥去世一事上受千夫所指，这位皇帝对北宋的发展是福是祸，值得辨析。再如宋仁宗赵祯，他喜怒不形于色，为人宽厚，体恤下属，善待臣民，爱惜人才。他支持范仲淹等开展"庆历新政"，一时

〔宋〕佚名《宋高宗坐像》（台北故宫博物院藏）

改革派纷纷上疏言事，赵祯也大都予以采纳，并努力推动实施。但当新政触犯了官僚利益遭遇反对，他又很快退却，改革被迫中止。谏臣蔡襄曾说宋仁宗"宽仁少断"，在赵祯亲政的三十年里，两府大臣先后被换掉四十多人。由于朝令夕改，"吏无适守，民无适从"。此外，宋真宗赵恒勤政努力且有"澶渊之盟"等业绩，但急于确立个人形象和天书封祀拖累了国家财政；宋神宗赵顼胸有抱负，锐意推进熙宁变法和征讨西夏，终因摇摆于新旧两党之间和缺乏军事谋略，导致对内变法失败和对外战争失利，三十八岁郁郁而亡；作为南宋最有作为、最贤明的君主孝宗赵昚以勤政著称，平反岳飞、起用张浚，发动"隆兴北伐"，但终因其猜忌心强和偏听偏信导致北伐失败，被迫与金朝缔结"隆兴和议"。

第二类，由于短命或年幼，基本没有治国建树。如宋英宗赵曙享年三十五岁，在位仅四年；宋哲宗赵煦从元祐八年（1093）九月高太后崩逝后开始亲政，到元符三年（1100）二月英年早逝，在位六年多。至于靖康年间的宋钦宗赵桓、祥兴年间的宋少帝赵昺就更惨，前者被父亲硬推上皇帝宝座后的第二年，就被金人俘虏北去，屈辱生活至死；后者在位不到一年，就被左丞相陆秀夫背着在哭声中跳入大海殉国，年仅七岁。

第三类，沉溺享乐耽误国事的君主。最典型的是宋徽宗赵佶。他爱好绘画，热爱画花鸟画并自成"院体"，其书法亦自成一种字体，被后人称作"瘦金体"，是宋代一位特别的艺术家皇帝。但他无心朝政，重用权臣蔡京；他追求奢靡生活无度，不惜民力采办"花石纲"，在汴京修建"艮岳"；他大建宫观，自称"教

〔宋〕赵佶《瘦金书千字文》（局部）（上海博物馆藏）

〔宋〕赵佶《梅花绣眼图》（故宫博物院藏）

主道君皇帝"，经常请道士看相算。这一切使他在位期间农民起义风起云涌，北宋统治危机四伏。靖康年间金军兵临城下，他与宋钦宗赵桓一起被金人掳去，成为亡国之君。南宋第三位皇帝宋光宗赵惇继位之初，也有图新之愿，裁汰了一些官员。但他体弱多病，惧内心很重，后期荒废朝政，听信谗言，罢免了辛弃疾等主战派大臣，导致南宋政治危机。其在位五年，使"乾淳之治"成果渐消，南宋由盛转衰。南宋第六位皇帝宋度宗赵禥即位时，金朝已灭亡多年。他做皇太子时就以好色出名，继位后终日宴坐后宫，与妃嫔饮酒作乐，将朝政委托给权臣贾似道。贾见度宗昏庸，越发肆无忌惮，常以辞官要挟，度宗流泪挽留，允许其三日甚至十日一朝；面对蒙古南侵，他竟对襄樊之战战况毫无兴趣，依然醉心于后宫生活，终因酒色过度死于临安福宁殿，终年三十五岁。

二、宋代君主治国方略的建立

虽然宋代君主中，像宋太祖赵匡胤这样集文治武功于一身的皇帝再没出现，宋代经济社会却能延续三百余年，并在很多方面取得骄人成就，应该怎样认识这样一种现象呢？这里的关键，是要分析宋代治国方略的建立方式。

1. 宋代君主治国方略建立在皇帝虚心求教和士大夫积极劝言的互动过程中

总览宋代治国理政的历史，不乏皇帝高瞻远瞩的英明决断，如太祖赵匡胤集权"强干弱枝"、太宗赵光义编撰"宋四大书"、神宗赵顼强力推行"熙宁变法"、孝宗赵昚勤政带来"乾淳之治"等等。在封建帝制条件下，尽管皇帝有至高无上绝对权威，但宋初国家基础薄弱，内政外交的错综复杂，后代皇帝个人经历、能力不比先祖，常使靠世袭得位的宋代君主面对治国大事心中繁难无数，甚至焦头烂额。如何使祖辈基业稳固，怎样在国家长治久安中维护统治权威，成为宋代每一位君主的主要诉求。在这个情况下，封建帝国的皇帝"高见"和"功业"，在宋代突出表现为士大夫群体的积极建言。

比如影响宋代国家治理的祖宗家法之一——"重文抑武""以文制武"的思想，最初就来自北宋首任宰相赵普。宋朝建立的第一年（建隆元年，960）发生了李筠和李重进的反叛。平定叛乱后，赵匡胤问赵普："自唐末以来，换了八姓帝王，经了二十多位皇帝，战争不断，生灵涂炭，这是何故？我想建设弭兵休战、长治久安的国家，该怎么办？"赵普说："没有其他原因，不过是各藩镇、节度使权力太大，君弱臣强而已。要改变这种局面，不必使什么奇计妙招，只要逐渐削弱其权力，控制其财力，收归其兵力，天下自安。"太祖深以为是。不久赵普又对赵匡胤说："大将石守信、王审琦权力太大，尽早调离为宜。"太祖说："二人均为我的兄弟，一起出生入死，情同手足，不会负我。"赵普道："我不担心他们本人，但二人统军才能有限，不太管得住部下，如军中有人私拥其为帝，他们就身不由己了。您当年不也如此吗？"这番对话，促使宋太祖下定决心，以"杯酒释兵权"方式解除了石守信等大将的兵权。

再如，宋神宗"熙宁变法"有另一个广为人知的称法"王安石变法"，这本身就暗含了皇帝是在大臣助力下实施治国方略的意思。神宗当年下诏任命王安石为翰林学士兼侍讲后，把王安石召到京城面圣。初次会面两人一见如故，相谈甚欢，竟错过了吃饭时间。宋神宗感觉此人和自己的政治理念非常接近，第二年就让王安石出任参知政事，一年后又将其升任宰相。王安石从进入朝廷中枢后，就殚精竭虑设计变法之路，史称"熙宁变法"。通过向农民发放低息贷款、实行以钱代役制度、政府参与商贸活动等手段增加政府收入，通过精简军队、固定将兵、保甲为兵、创设武学、设军器监等提高宋军战斗力，这些"富国"方略和"强兵"之策，都来自王安石的治国思想。王安石的新法遭到不少大臣的激烈反对时，宋神宗为保护王安石，竟然直接对持不同意见的反对派说："这些事是我决定的，与介甫无关。"后王安石被反对派逼得多次提出辞去官职，宋神宗亲自给王安石写信道歉，真诚挽留，并不断将反对派赶出朝廷。

从本质上说，政治目标一致，是君臣共治的思想前提。君臣愿望和理想一致，更容易产生大体相当、互相补充的治国理政思路。例如，赵普被宋太祖赵匡胤视为治国理政的高手奇人，王安石不仅在改革大业上，还在神宗生活的方方面面努力辅佐。他做宰相后在写给宋神宗的奏章中这样说："然圣人之盛，尚自以为七十而后敢从心所欲也。今陛下以鼎盛之春秋，而享天下之大奉，所以惑移耳目者不为少矣，则臣之所豫虑，而陛下之所深戒，宜在于此。"对年富力强的宋神宗提出了自己的担心和告诫。

君仁臣忠、臣谏君容的风范，是君臣共治、和谐成事的素养支撑。宋太祖赵匡胤在与赵普共事的过程中，对赵普的有些做派很头疼。但赵普的一心一意、忠心耿耿，让他一忍再忍，忍无可忍的棍棒高高举起又轻轻放下。王安石和宋神宗在变法的措施、节奏和用人安排上也有不同看法，王安石总是不厌其烦地坦陈利弊，努力说服神宗。神宗在对部分举措持保留看法的同时，尽量从鼓励王安石留任、争取完成未竟事业的高度，包容并替他"挡驾"了很多问题和反对声音。

2. 宋代君主治国方略建立在尽责谏言不怕丢官的士大夫气节基础上

宋太祖赵匡胤立下了限制兵权、重用文官、强干弱枝、鼓励谏言的治国方针，随着士大夫力量的成长，以及国家政务的日益繁杂，宋代君主逐渐将行政系统、财政系统的实际调度权下放给长于政务的官僚集团。以往君主个人权威基础上的集权，转化为祖宗家法和典章制度条件下的共治。有了祖宗家法的精神支撑和典章制度的保障，加上相对熟悉一线情况及官僚制度运转方式，宋代士大夫的气节，除了表现在出使金营、抗击侵略和不爱钱财方面外，还突出体现在为了国家利益和百姓疾苦大胆谏言、不惮提出反对意见的"共治"行为上。换种说法，这种"共治天下"，不仅体现为君主向大臣讨教、共商治国良策，还体现在当君臣思路相左、意见不合时，大臣们能够坦诚地与君主交换意见，直至为了国家利益而频频发声、苦苦相谏。

北宋寇准曾因与宋太宗观点不和"扯衣服"不让太宗退朝，批评旱灾是因太宗朝"刑法不公"、挟持真宗皇帝御驾亲征终于签下"澶渊之盟"等，在史书中被戴上了"大忠"桂冠；范

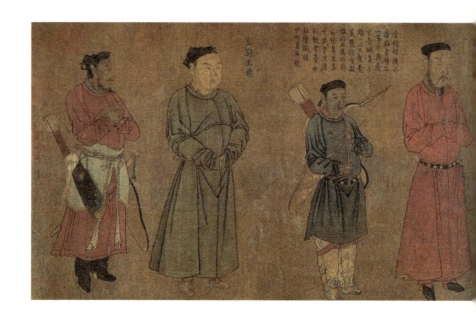

仲淹在为官的一生中因为上书谏言（反对仁宗皇帝率百官共同朝拜太后、推行"庆历新法"等）曾四进四退，但仍坚守初心。著名谏臣唐介，历经宋仁宗、英宗、神宗三朝，因不畏权臣，弹劾奸佞，赢得"真御史""直声动天下"的美名。《宋史·唐介传》载："梅尧臣、李师中皆赋诗激美，由是直声动天下，士大夫称真御史，必曰唐子方而不敢名。"《宋史》评价他"介敢言，声动天下，斯古遗直也"。

南宋时，高宗赵构派人出使金国求和。金国满口答应，但要求宋廷向金称臣。多数文武朝臣闻之愤怒，反对声四起。宋朝重文轻武，高宗对岳飞、韩世忠等武将的意见一直敷衍，但难以招架文官的谏言，不得不派宰相秦桧去做说服工作。秦桧

〔宋〕刘松年《中兴四将图》（故宫博物院藏）

在与主战派文臣的较量中，先是罢免了礼部几位主战派的官员，结果导致矛盾被激化。以吏部尚书张焘为首，吏、兵、刑、礼四部以集体辞职名义强烈抗议。监察御史方廷实在给高宗的上书中愤然写道："夫天下者，祖宗之天下也；陛下所居之位，祖宗之位也。奈何以祖宗之天下为犬戎之天下，以祖宗之位为犬戎藩臣之位？"直接触及"天下不是皇上个人的天下，是先辈留下、是群臣和万民的天下"的国体问题，正面责问高宗："怎么能拿着祖宗基业去换做金人儿皇帝？"右通直郎枢密院编修官胡铨上书高宗表示自己与秦桧等人不共戴天，希望能将秦桧等三人斩首，兴兵北上讨伐金国。否则宁愿赴海而死，也不愿意在这个小朝廷苟且偷生。将矛头直指当时红得发紫的权相秦桧。

3. 宋代君主治国方略建立在士大夫对"祖宗家法"作用的清醒认知和勇敢维护过程中

在熙宁四年（1071）的一次御前会议上，宋神宗召集两府大臣议事，讨论变成了对熙宁变法的争论。文彦博提醒神宗"祖宗法制具在，不须更张以失人心"。宋神宗反问道："更张法制，于士大夫诚多不悦，然于百姓何所不便？"这相当于指责其变法利民为什么还要反对，是为一己私利阻碍变法吧？文彦博回答："为与士大夫治天下，非与百姓治天下也。"——这里的直接语义是：与皇帝您共治天下的人是我们这些大臣，而不是普通老百姓！这句话直抒胸臆，道出了宋代的一个"祖宗家法"和客观现实。其背后值得思考的是：尽管君臣共同治理格局出自君臣各自的政治需要，但皇帝"与士大夫治天下"的惊天之语，并非来自皇帝自上而下的直接表达，而是发自士大夫的清醒认知和自觉提炼。此后，宋代君臣共治这一治国理政的基本国策，被既为国虑也为自保的士大夫经常在皇帝面前提醒和强调。

例如，宋仁宗时，一次仁宗赵祯想杀放纵盗贼横行的高邮知军姚仲约，范仲淹明确表示反对："祖宗以来，未尝轻杀臣下，此盛德事，奈何欲轻坏之？"又如，宋神宗时一次陕西战事失利，神宗赵顼下令斩杀当事的漕官，宰相蔡确反对，说："祖宗以来，未尝杀士人，臣等不欲自陛下始。"神宗沉吟良久，改口"可以刺面配远边处"。门下侍郎章惇道："如此即不若杀之。士可杀不可辱。"神宗叹道："快意事更做不得一件！"章惇反驳道："如此快意事，不做得也好。"文人直言虽够"噎人"，但确也是苦口良言。

笔者遍查史籍，在正史中尚未发现宋代开国之君说过"不杀士大夫及上书言事人"的正式记录，也没有"共治天下"的直接说法，但类似内容的笔记、传说和记载倒是不少。同时，正史中有关士大夫们对君主"共治天下"及"不杀士大夫及上书言事人"的劝说、提醒和强调方面的记述多次出现。由此我们可以推论，宋代开国之君确有抑制兵权、重用文官、改革科举、开放言论的想法和做法，士大夫集团由此出发形成默契，依据太祖、太宗皇帝对士大夫的重用和善待，演绎提炼出了既为国家也为自保的"祖宗家法"，这就为士大夫阶层自身设置了一顶大大的"保护伞"。

在这个意义上，君臣共治既是帝国内部君臣政治互动的自然结果，也是士大夫们对限制君权滥用的主动争取，其实践意义极为珍贵。

4. 宋代君主治国方略还体现在部分宋代皇帝依靠士大夫群体"无为而治"的宽仁风格中

考察宋代皇帝，有一个奇特现象：有些不曾有过创新战略、果敢勇气和重大建树的国君，执政时间很长，并且也能得到当时朝野和后世史学界的高度评价。个中原因，值得玩味。

北宋第四位皇帝宋仁宗赵祯，既没有太祖赵匡胤的雄才大略，也不像宋徽宗那样多才多艺，一生没有提出或实践过对当时或后世有重大影响的思想与主张。但他死后内外颂声一片，讣告送到辽国，"燕境之人无远近皆哭"，连"虏主"也握住使者的手，号啕痛哭。

事实上，宋仁宗赵祯宽厚仁慈，善待臣僚和百姓，营造了自谦放权、礼贤下士、激励部下、百姓自由的宽松社会环境，启动了民间的巨大创造力。中国四大发明的记载，其中三个首次出现在宋仁宗时期——《武经总要》中的火药配方、《梦溪笔谈》中的指南针，以及毕昇的活字印刷术。在宋代皇帝中，宋仁宗在位时间最长，达四十二年。

仁宗对管理权力不贪恋，尊重职能部门的管理权能，也不轻易越俎代庖。《渑水燕谈录·卷一》记载，仁宗原打算追赠两次担任枢密使的夏竦谥号"文正"，不料负责官员考核的刘原父不同意："给谥号是主管部门的事，我们一向尽职负责，您怎么能侵犯我们的权力？再说，夏竦也不够格。"司马光也上书提出"文正"谥号对于夏竦来说荣誉太高。仁宗于是收回成命，将谥号改为"文庄"。

宋对读书人也宽容仁慈。嘉祐年间，苏辙参加制科考试时在文章写自己在应考途中听说朝廷宫中美女上千，终日歌舞饮酒，铺张奢靡。皇上不关心民众疾苦，也不和大臣商量国事。考官认为苏辙恶意诽谤，赵祯却认为设立科举考试，就是要欢迎大胆谏言的人。苏辙一个小官，敢于如此直言，应该特与功名。于是苏辙被录取为第四等。还有一例，四川有个书生献诗给成都太守，主张"把断剑门烧栈道，成都别是一乾坤"。太守认为这是煽动造反，把他扭送京城。仁宗却说："这是老秀才急于做官，写诗泄愤，怎么能治罪呢？不如给他个官。"后来给了书生一个司户参军的小官。此事传为美谈。

宋代文人对仁宗及其"盛治"有很多赞美和歌颂。北宋学者邵伯温这样分析仁宗盛治："盖帝知为治之要：任宰辅，用台谏，畏天爱民，守祖宗法度。"即是说，皇帝为政之要，不是凡事亲力亲为，也非事事显得高明，而是善于用人，重视不同意见，敬畏天命，爱惜民力，执行法度。换个说法，即使皇帝没有雄才大略，只要善于营造宽厚、宽松和激励部下的良好环境，达到君臣共治的良好政治生态，照样可以政治安定，国泰民安。

三、几个结论

宋代在雄才大略君主稀缺的条件下，创造了经济社会繁盛三百年的局面，说明在封建君主制度下，能够最大限度发挥集体智慧、避免把国家前途系于个人能力之上，对于避免由于君主个人好恶、特殊原因带来治国方略的摇摆，有着至关重要的意义。

宋代君臣共治治国方式的建立，是皇帝和大臣共同政治智慧的结晶。宋代君臣共治局面的形成，得益于文臣地位的抬升和奏章台谏渠道的畅通，还要归因于历代士大夫们的时常提醒、放大影响，以及奋不顾身的维护。因此，这一权力制衡和保证国事的治理方式，是宋代士大夫集团"众人拾柴火焰高"奋力争取的结果。

宋代君臣共治局面，并不只有积极的一面，也有着负面的影响。第一，由于士大夫阶层眼光和格局的差异，也由于一些人因理念或利益而结成朋党集团后的敌对，宋代士大夫阶层在"庆历新政""王安石变法""抗金北伐""联盟灭金"等重大决策上，以及对皇室腐败、兵将分离、三冗问题等的看法上，都出现较大分歧，参谋和内阁团队内部发生尖锐对立，由于缺乏制度调停和理性平衡各方意见的章法，皇帝的喜怒、好恶和选择就成为决定性的力量。因此，虽然是在"君臣共谋"的形式下，宋代曾在推进改革、富国强兵、坚持北伐、平衡外交等一系列重大决策上出现多次失误。宋代"三冗"沉重（即冗官、冗兵、冗费，导致行政效率低下，财政负担沉重）、君主无能、官逼民反等问题长期得不到解决，终于招致赵宋王朝的灭亡。

第二，宋代的国家治理虽然走出了一条放松管制、释放活力的路径，但由于不少士大夫恪守"祖宗之法不能变"的信条，北宋中后期直至南宋在应对内忧外患乱局时，一些士大夫虽表现出忧国忧民，痛斥时弊，却又徘徊于祖宗旧典不能自拔，贻误了制度调整的改革时机。在这个意义上，当士大夫阶层形成对君主的权力制约时，怎样解决官僚阶层各种力量的平衡和权力制约，是国家治理结构需要研究和探索的永恒课题。

宋代士大夫气节的形成

忠君爱国，重气轻身，是中国传统政治文化中的基本道德观念。

自秦汉以来，忠节就成为士大夫气节的重要内容，但对于如何理解反映君臣关系的"忠"，在中国历史上并不统一。尽管法家"不危于主""专心于主"的"忠君"思想被一些帝王推崇，但儒家的"士不可以不弘毅"，以及与君主相处中"从道不从君"的"气节观"，还是影响了很多读书人。而到了北宋时期，士大夫"忠节观"基于以下背景下开始了新的孕育。

从秦汉到五代，历代王朝的更替几乎都以权臣篡位、兵变倒戈为结局，并在五代走向极端。传统"忠节观"被残酷的兵变现实踩在地上，任人践踏，受到严峻挑战，也因此有了新的实践和思考空间。

在五代纷乱中建立的北宋，根基尚浅，百废待兴，加上当时天下尚未完全统一，皇权地位并不稳固。赵匡胤作为五代最后精英，对五代十国的动乱深有痛感。为避免重蹈覆辙，重新建立并强化新的秩序十分紧迫。

宋朝始终面临着非常严峻的外部压力，可以说是中国历上又一个"南北朝"，北方一直有契丹、党项、女真、蒙古等政权与之并存，并不断侵扰。这使得宋朝是中国古代主要王朝里疆域面积最小的王朝，至南宋时更是偏安一隅，以淮河—大散关一线作为宋金边界。

在以上背景下建立和生存的北宋，相较于以往朝代，在宋太祖"祖宗之法"形式下培育的"忠节观"，有以下几个基本特征。

第一，尊重忠于旧主之臣。"陈桥兵变"后，宋太祖赵匡胤率众回师开封，后周大臣都乖乖束手听命，唯有检校太尉韩通从内廷飞马而出，准备抵抗，被军校王彦昇发现，追至韩家，将其一家杀死。太祖知道后怒责王彦昇，"终身不授节钺"，并"赠韩通中书令，以礼葬之，嘉其临难不苟也"。

在北宋史学家李焘编著的《续资治通鉴长编》中，记载了北汉宰相卫融、荆南兵马副使李景威及大臣徐铉、张洎等忠于旧主反得到宋太祖宽容尊重的旧事。笔者在此翻译一段：宋初，北汉宰相卫融被抓。太祖责问卫融："你为什么要教刘钧帮助李筠谋反？"卫融从容回答："狗不咬自家主人，刘氏是我家四十口人的衣食父母，实在不忍心有负于他。你应该尽早杀掉我，我一定不会为你效劳的。如果放我不杀，我还会回到河东为北汉效力。"赵匡胤大怒，命令将士用兵器敲卫融的脑袋，卫融顿时血流满面，他高声叫道："我死得值了！"太祖见状，对左右说道："这是忠臣，放了他吧！"并让太医用良药为其疗伤。太祖还让卫融写信给北汉国主刘钧商量，用北汉俘获的宋将周光逊等换回卫融。因北汉一直没有回音，赵匡胤授卫融为北宋太府卿。

第二，不重用敌方投诚"叛臣"。宋太祖赵匡胤对那些不忠旧主、投靠新主的降臣，出于建国初期人才需要不予贬斥，但他不仅看不上这些降臣的人格，还对他们心存防范。建隆元年（960）十一月，太祖率诸军操习水军，南唐君臣见势心生恐惧。南唐主的部下杜著假扮作商人，由建安渡水归宋；彭泽令薛良也来投奔宋朝，并为宋朝提供了扫平南唐的对策。太祖不仅没有重用提拔他们，反而"命斩著于下蜀市，良配隶庐州牙校"。对于处死杜著、发配薛良的原因，《宋史·太祖本纪》的解释是，"帝疾其不忠"。

赵匡胤当年发动"陈桥兵变"登上皇位时，突然发现有个疏忽，"独未有周帝禅位制书"，如此登基会成为世人笑柄。关键时刻，原后周的翰林学士陶穀不慌不忙从袖中抽出自己提前为新皇登基准备的周恭帝退位禅让诏书，走近宋太祖递上去说道："诏书在此。"赵匡胤于是顺水推舟，用诏书体面登基，但从此"薄其为人"。他看不起这种主动背叛旧主、讨好新皇的投机分子，"选置宰辅，未尝及穀"。陶穀心有不甘，派亲信上奏吹嘘他在翰林院立下的大功，希望得到重用。赵匡胤笑道："我听说国子监拟圣旨，不过是参照前人旧本，换几个字句而已，算不上什么功劳！"

第三，重视激励忠义之士。赵匡胤曾到汴京讲武池观看士兵水上练兵。他对身旁的部下说："人都说要舍身为国，其实说说容易，死对人来说，毕竟是很难的事情。"随从李进卿说："作为臣子，您说让死马上就去死。"说完他就纵身跃入水中。

赵匡胤急忙让众水工跳下去把人救上来。李进卿的奋不顾身给太祖留下了深刻印象，后来将他升为步军都虞候领保顺节度。

开宝二年（969），殿前都虞候杨义深夜入宫救驾，抓捕了叛乱将领杜延进及其同党十九人。又有一次，宋太祖在训练水军时，突然一阵吵闹声响起。杨义听到后不知何故，生怕有人行刺皇上，马上披挂前去救驾。尽管这是一场误会，宋太祖还是心有所动，对身边侍臣说："这是一位真正的忠臣！"乾德四年（966），杨义因重病无法说话，太祖亲自到他家中探视，赏赐重金，并且让他继续掌管军队。史书说："义忠直无他肠，故上委任之不疑。"

第四，在忠节前提下宽容部下。北宋名将李汉超被人投诉借钱不还，抢民女为妾。宋太祖把告状的人叫来问道，"你家女儿嫁给什么人？"那人回答"嫁到农家"。太祖又问："李汉超到关南后，契丹人的侵扰还有没有？"左右回答："没有了"。太祖说："李汉超是我的重臣，你的女儿嫁给他不强于做农妇吗？如果没有他镇守关南，你家财产能保住吗？"责备了那人并让他离开后，太祖派人传令李汉超："赶快归还民女和借款，我这次放你一马。以后不要再做这样的事情。钱不够，为什么不来找我？"李汉超听令后感动得流下了眼泪，发誓以死报效皇上。

大将郭进军纪严厉，经常杀人。曾有军校从西山到朝廷状告郭进违法。宋太祖察知情况后对身边人说："此人有过失惧怕受罚，想通过诬告免其处罚罢了。"就派人把告状者绑送郭进。正好这时并州敌人入侵，郭进对告他的军校说："今天免你死罪，你能拼死杀退并州敌人，我向朝廷举荐你。"此人果然奋力杀敌并告捷，郭进践约奏请朝廷升其官职。后来，宋太祖命建造宅第赏赐郭进军功，房屋一律使用筒瓦，部下禀告：按旧制只有亲王和公主的房屋才可用筒瓦。宋太祖怒答："郭进镇守西山十余年，使我无北顾之忧。我对待他怎能不如自己的儿女呢？"督促部下赶紧去督工建房。

作为一代君主，宋代皇室对那些忠于旧主之臣的宽容，以及不重用敌方投诚"叛臣"的理念，给传统"忠节观"注入了既超越壁垒又爱憎分明的立体思维：既注入了对"忠"心理特质普适性的内涵，又彰显了新皇的宽厚和立场，也表达出对新政权的高度自信，同时还引导了众臣"忠有善终"。这样的"忠节观"，对吸引人才、弥合缝隙和引导部下都有激励作用；对唐末五代时期易姓改节、朝秦暮楚的风气，也是一种调节。北宋初年，皇帝对将帅的宠用宽容，只限于包容其贪污、奢侈、抢民女、滥杀等无关皇权威严之事，一旦涉及冒犯皇权的任何忠节行为，皇帝一定铁面无情。有人说殿前都指挥使韩重赟"私取亲兵为腹心"，太祖马上"怒，欲杀之"，经宰相赵普劝说才从轻发落，罢其军职，贬为彰德节度使。

如果说尊忠抑叛和忠君爱国是宋代"祖宗之法"忠节观的核心内容，那怎样使这种忠节观被人们接受？宋代统治者为此也下了些功夫。

首先，宋代科举制改革为平民子弟做官敞开了通道。一是不问家庭背景。隋唐以前，考试留有家庭背景资料。五代和宋以后，开科取士不问家世，平民百姓进入官场的机会大大增加。

〔宋〕佚名《耆英会图》（局部）（台北故宫博物院藏）

二是实行乡试、省试和殿试三级考试，来自基层普通家庭的机会进一步增加。三是考试严密化程度提高。出题人提前被封闭起来；建立"别试"制度，各级主考官、地方官子弟和亲属及门客应试，要另设主试官和考场；试卷"糊名"（弥封），不仅糊住试卷上的名字和乡贯，还要糊住初考官所定的等第；为防止认识字迹或做记号，请专人把试卷照原文重新誊录，经校对官校勘无误后，才交考官评阅。

这样做的结果，一是三代无官（哥哥、丈人不在此列）的平民由此进入仕途的很多（如文天祥、范仲淹、欧阳修等都是平民家庭出身）。二是进入仕途的平民子弟从小经历过苦日子，因此他们对四书五经里的"道理"笃信不疑，书生意气，容易较真。"朝闻道，夕死可矣！"当然，改革科举制度，大量增加平民出身的官员，也在一定程度上诱发了宋代的"冗官"现象。

其次，制定了保护文人参政的"祖宗家法"。吸取五代十国武将尾大不掉的教训，为防止他人以自己"陈桥兵变"为榜样，赵匡胤推行了"重文抑武"的国策。作为配套政策，他立下了"不得杀士大夫及上书言事者"的祖训，并且要求每一代新皇登基时，必须到太庙宣誓遵从，代代相传。宋朝各位皇帝至少场面上，都以善于纳言为自己树立形象，也借文官力量达到抑制武将的目的。有唐一代，宰相被杀的多达二十余人，谏官等一般士大夫被杀的更多。但遍查史书，宋代宰相和谏官被贬的常有，但没有一个被杀，除了提出赵构不该为皇帝的太学生陈东是因谏言被杀，再无他例。

这就为士大夫尽忠报国创造了宽松的政治环境，消除了士大夫参政谏言的顾虑；同时，士大夫们掌握了话语权，又反复提醒皇上不可压制文人谏言，由此形成了"君臣共治"的制度环境。相对宽松的言论环境，激发了士大夫阶层强烈的家国意识和主人翁责任感；再加上两宋时期始终存在的外患内忧，也促使士大夫阶层的忠君与爱国达到了高度统一。允许士大夫直抒胸臆的宽仁环境，造就了一大批把节操、荣辱和名声看得很重的"精神贵族"。

再次，宋代治国理政的相关举措，也对匡扶正气、张扬气节起到了积极作用。如宋仁宗为杜绝官场互相勾结的风气，创立了"谒禁"制度：官员不得在家接待来访者，也不许随便拜访别人。"谒禁"制度后来推广至百司衙门，门首竖立一个"谒禁"的牌子，特别是司法律政机构如大理寺、台谏等还要加上"不许出谒"的提示。史书记载，时任谏官的司马光和他的老师庞籍，曾是邻居，却多年不能私下会面。可惜谒禁之制，到宋徽宗时已废弛。

最后，传统儒家以"忠君爱国"为导向的核心价值观，在宋代政治环境基础上得到激励张扬。通读中国古代史，宋代知识分子忠君爱国的事例最为常见。宋代在公办、私立学校和科举考试中，在各种史书典籍、法律条文、乡规民约、治家格言和文学作品中，无不浸润着儒家道德观。各地不论经济发展程度如何，都把修贡院、兴学校、教化百姓、祭祀先贤等作为大事优先保证。以"忠君爱国"为导向的核心价值观深入人心，贪污腐败、丧失名节的行为受到唾弃，这成为当时知识分子心中普遍的价值认同。北宋时期士大夫的爱国热忱和气节，被当时的大思想家张载提升概括为一个伟大使命："为天地立心，为生民立命，为往圣继绝学，为万世开太平。"精神追求作为一种"软实力"，在受到制度和环境"硬激励"时，终于成为宋代士大夫心口如一、自觉恪守的人生追求。

昭告容易遵守难
——宋代皇帝纳谏言行启示录

纵观中国古代历史，宋代是一个相对政治开明、言论宽松的朝代。宋代君王关于鼓励进谏、广开言路的言行，充盈史书典籍。从中体会其中君臣之间的相处之道，对于今人不无裨益。

一、君王多有纳谏之态

在中国古代典籍中，自古不缺广开言路、以人为镜的"明君""警句"。从周宣王励精图治广开言路，到汉文帝废除"诽谤之罪"鼓励畅所欲言，再到唐太宗"以人为镜"从谏如流，直至宋元明清，史书中有很多君王鼓励群臣进言的说辞和故事。宋代十八位皇帝，除亡国之君北宋钦宗（登基时金人兵临城下）和南宋恭帝（七岁蹈海而亡）之外，其他诸位君王，哪怕是精神状态不稳定的宋英宗赵曙、荒淫无度的宋徽宗赵佶、昏庸无能的宋宁宗赵扩，也有鼓励畅言、启用直臣、宽容抗言、重视台谏的言行留存典籍。

对于北宋九位皇帝，史官的评价总体上褒多贬少，如宋太祖的文韬武略、宋太宗的勤勉辛劳、宋仁宗的宽厚仁慈、宋神宗的变法图强等等。但他们身上有一个共同的特点，就是听得批评，善于纳谏。

宋太祖赵匡胤"杯酒释兵权"后，需要重新找一位统帅禁军的将才。他想到了原周世宗柴荣手下的虎将符彦卿。谏议大夫、枢密直学士赵普多次谏阻，认为太师地位已盛，再授禁军总管会埋下武夫乱国的隐患。但宋太祖不听劝告，拟好任命书准备下达。

赵普得知后自作主张，从办事部门截获了任命文书，揣在怀里再次找到宋太祖："惟陛下深思利害，勿复悔。"宋太祖心有不悦："卿苦疑彦卿，何也？朕待彦卿厚，彦卿岂负朕耶？"说自己待符彦卿不薄，他不会忘恩负义。赵普冷峻地问了一句："陛下何以能负周世宗？"意思是说周世宗待你也不薄，你不是也猎取了人家的江山？宋太祖听得惊出一身冷汗，沉吟片刻，终于放弃了对符彦卿的任命。

赵匡胤黄袍加身后的北宋初年的冬天奇冷。宋太祖吩咐宦官去买几个熏笼（装炭盆的竹笼）取暖。几天后熏笼还不见影儿，太祖把宦官叫来责问。宦官禀告："陛下，宫中购买物品需先向尚书省打报告，审核通过后还要把报告发到部里，部里审核后发放到局里。局里做好预算后再提交部里，部里再审后提交宰相，宰相批准后才能拨款采购。现在报告才过去三五天，拨款申请都还没下来！"

赵匡胤听着窝了一肚子火，叱问道："是谁定这样的规矩？"宦官低头不语。赵匡胤便把宰相赵普叫来问道："过去我没当皇帝时，随便花上一二十文钱，就能买到一个熏笼。如今想要个熏笼三五天了还没见到。怎么回事儿？"口气里充盈着对赵普的不满。

赵普不慌不忙地回答说："没办法，宫中规矩就是这样的。"赵匡胤说："这是什么混账规矩？"赵普镇定从容地说："这规矩不是为陛下设立，而是为赵家子孙设立。陛下度日节俭，可如果后代子孙贪于享乐、滥用钱物怎么办？安排一个层层审批的规矩，后代子孙若不遵守就会有谏官劝阻。现在好像麻烦，长远看可是意义重大啊！"赵匡胤听了赵普这番话，转怒为喜："这规矩好，我几天不用熏笼没关系！"

从故事中，可以看到宋太祖的难能可贵之处有五：一是能够倾听大臣说理，二是听后及时制怒，三是说服自己放弃原先马上要用熏笼的指令，四是用行动肯定了坚持制度的大臣，五是以身示范维护了制度的严肃性。遗憾的是，靠宋太祖个人的眼光和胸怀"维护"制度，终难长久。毕竟，人和人、人此时和彼时、人在这事和那事上的行为，常有不同。

和哥哥相比，宋太宗赵光义的"武功"备受后世争议，但他的"文治"可圈可点的地方很多，其中最为后人津津乐道的，就是改革言路。端拱元年（988）二月，宋太宗对谏官机构做出重大改革，将左右补阙改名为左右司谏，左右拾遗改为左右正言，大大提高了谏官的地位。此外，宋太宗还大力鼓励官员犯颜直谏，欣赏、宽容和激励像寇准这样犯颜直谏的官员。他还两次下诏改革登闻鼓制度，在禁门外设置大鼓，臣民有冤情可直接向皇帝擂鼓鸣冤，并亲自审理登闻鼓案件，为民申冤。他曾对大臣们推心置腹:"朕历览前朝历史。君臣关系感情相通,道就相通。我有心励精图治,诸位作为我的手脚耳目,如发现我有政治上的失误,一定要尽心尽力指出来。我绝不会因为身居高位就自高自大,使你们不敢尽言呀!"

宋真宗时,田锡倾慕唐朝魏徵的为人,于咸平三年(1000),上《御览》《御屏风》规劝皇上。咸平五年(1002)掌银台后,又连续八次上书,议论时政得失。真宗称赞他"得诤臣之体"。咸平六年(1003)冬,田锡死后,留下遗表劝皇上"以慈俭守位,以清净化人;居安思危,在治思乱"。真宗阅后对宰相李沆说:"田锡真是朝廷的直臣,国事稍有过失正在思虑时,他奏章就到了。这样的谏官不可多得,可惜死得太早了。"宋真宗重启诤臣寇准为宰相、寇准"逼迫"真宗御驾亲征促成"澶渊之盟",成为真宗朝君臣关系的经典案例。

南宋时,孝宗广开言路加强台谏官职能,光宗扩充谏官机构鼓励群臣进言,理宗时期任用贤才礼敬道义,等等,都表明宋帝在广开言路方面的态度是鲜明的。

二、君王纳谏常有摇摆

为什么宋代君主盛行广开言路,甚至一度形成"君臣共治"的局面呢?

首先,自古以来,中华优秀传统文化思想的浸润与深植,培养了中华民族价值观体系中的基本信念、志气和节操,那就是"朝闻道,夕死可矣"的精神追求,"鞠躬尽瘁,死而后已"

〔宋〕佚名《景德四图》（局部）（台北故宫博物院藏）

的人生选择，"穷则独善其身，达则兼善天下"的心理预期，"修身齐家治国平天下"的家国情怀，"仁义礼智信忠恕"的儒家思想，等等。

其次，宋代"重文轻武"国策和科举制的改革，使得文官集团崛起。皇帝要以文臣的力量压制武将群体，必然使文官集团的地位和权力上升。宋代君主不仅在政治上抬高文人的地位，还吸纳大批腹有诗书、胸怀大志的文人入朝为官，搭建了士大夫践行君子之道的施政平台。宋代科举制改革后，取士不问家世，实行乡试、省试和殿试三级考试，推行"别试"、"糊名"（弥封）、"誊录"制度，考试监管的严密化程度提高。这些措施叠加，使得平民百姓进入官场的机会大大增加，很多三代无官的平民进入仕途。尽管士大夫对皇帝进谏甚至批评，导致皇帝受到掣肘，但毕竟有助于治国安邦和稳住皇位，"君臣共治"还是得到了皇权的认可。

最后，宋代比较重视对历史上治国理政经验的学习与考查，历代英雄豪杰、志士仁人，在宋代诗词文赋中都是被歌颂传扬的人生楷模。而宋代的科举考试和前朝相比有一个很大的不同，即诗词歌赋这些文学类的考题和需要死记硬背的题目大大减少，主要考经义和策论。经义和策论有点像今天的议论文，主要考查考生对于经典、历史、时政的见解，引导考生关注古代治国理政的经验、当代现实的政治经济。朝野上下，一大批士大夫对前朝历史反复学习和揣摩实践，忠君爱国、家国情怀得到不断强化。

如果说探索真理的规律是知难行易，真理付诸实践的规律则大概率是常常知易行难。曾留下很多纳谏说辞和故事的宋代皇帝们，在这个明知关乎自身形象和国运兴衰的问题上，又经常跌跌撞撞，一顾三回头。

以享有盛名、重视纳谏的仁宗、神宗、孝宗为例。

仁宗皇祐元年（1049），监察御史、殿中侍御史唐介与包拯、吴奎等极力劝谏皇帝不该让外戚张尧佐兼任宣徽使、节度使等四个职务。仁宗无奈，削去张的两个使职，不久又恢复。同僚们不愿再谏，唐介继续上言抗争。仁宗推托是中书省推荐，唐介直接弹劾时任宰相文彦博先前在蜀地时贿赂后宫，现在重用张尧佐，是在培植个人势力。仁宗大怒，推开唐介的奏疏，把他贬到春州（今广东阳春）。

吕公著任翰林学士、知通进银台司时，职责之一是封驳（封还皇帝失宜的诏令）。司马光因评论变法被罢御史中丞，吕公著封还诏命，道："司马光履职评点时政而被罢官，会使有进言职责的官员不能再尽其言。"神宗不悦，绕过吕公著重新下诏告示阁门。吕公著得知后，找到神宗说："诏令不经门下省，这使门下省封驳的职能因我而废止，请治我罪，以正纲纪。"神宗又绕开话题，对吕公著说："我解职司马光是需要他劝学，非因他评论时政。"吕公著知道再劝无果，毅然辞去了知通进银台司的职务。

孝宗是以日理万机、勤勉克己著称的好皇帝。他夙兴夜寐，事必躬亲。但当皇帝时间久了，孝宗开始独断专行，群臣只好奉旨而行，不敢多言。太常丞徐谊上书说："如果这样下去，皇帝显得越来越圣明，大臣显得越来越愚蠢，还有谁能和陛下您一起共治天下呢？"秘书郎吕祖谦也劝诫孝宗："陛下您总觉得大臣不能胜任工作而代替他们做事，大臣们也就只能拘泥于细小事务，对下属越俎代庖，这样就无法领导下属了呀。请陛下勿以聪明独高而谓智足遍察。"孝宗之后的宁宗、度宗等皇帝，也都经常大权独揽，绕过大臣直接下发手诏，为亲信擢拔封官，"大臣不与谋，给舍不及议"，导致"宰执惧有所专而不敢奏，给舍台谏惧有所忤而不敢言"。

〔宋〕佚名《宋孝宗坐像》（台北故宫博物院藏）

三、君王"口惠实不至"的原因及启示

即使宋代堪称中国历史上言论最为宽松、君臣关系较为和谐的时期，皇帝在纳谏时也会出现"口惠而实不至"的情形。不是皇帝口是心非，而是广开言路本身就是一件不易做到的事，一些因素左右着君王"昭告"后是否"恪守"的行为选择。

第一，特殊条件易，寻常时期难。宋代皇帝倾听大臣的意见，呈现出因时而变的规律：一是开国皇帝注意倾听，继位者随着皇权稳固，逐渐忘乎所以。宋太祖、宋太宗在建国初期选贤任能、开疆拓土，与北宋末期宋徽宗不顾大臣激烈反对，执意联金伐辽、收留张觉招来金人灭宋，形成了鲜明对比。二是新即位的年轻皇帝谦虚，积累了执政经验后开始"霸道"起来。宋神宗十九岁登基时，面临财政亏空、军力薄弱等难题，对韩琦、富弼、王安石等大臣的意见非常重视，大臣意见不合发生争论时，他常一言不发，洗耳恭听；但当他对"变法"套路心中有数之后，凡是与他意见不合的宰执大臣，包括他最倚重的王安石，都成为被贬谪的对象。王安石在嘉祐三年（1058）给宋仁宗上变法万言书遭到冷遇，一个重要原因就是其时仁宗年近五十，已亲政二十五年，自然缺乏青年刚亲政时的那种豪情和抱负。

第二，偶听克己易，常听坚守难。人本身都有心理、性格乃至忍耐力上的局限。宋代君主之所以要昭示天下广开言路，不仅是吸取前朝经验教训的惯例，也有塑造自身明君形象的需要。但当大臣经常提出不同意见时，心理上多半自以为比大臣

〔宋〕佚名《八相图》（故宫博物院藏）

要高明的君主，难免会有克制不住情绪而拒绝倾听的情况发生。如前述神宗脱口而出的"快意事更做不得一件"的感叹，便是这种心理局限的自然流露。

第三，亲近真理易，远离小人难。希望听到部下的真心话，这是一般管理者清醒时的理性选择。但人性的复杂多变、官场上某些人的巧言令色，常使得君主在阿谀奉承、投其所好的谗言下被捧得昏昏然，失去对真假是非、近忧远虑的判断力，甚至明知不可为而为之。比如，尽管南北统一大业在宋太宗赵光义手上完成，但他也时常听信身边一些小人的谗言，外放了"宋良将第一"的开国将领曹彬，又趁宰相赵普休假重新启用了佞臣赵昌言等。而以赵昌言为首的"五人帮"，擅长的就是经常聚在一起研究"读心术"（研究皇帝在想什么，怎么说话做事皇帝才高兴），常捧得太宗舒舒服服，失去明君应有的理性和清醒。

第四，事关重大易，寻常对话难。据史料记载，赵普曾以赵匡胤夺取周世宗江山为例，劝说太祖，若重用符彦卿可能危及赵宋江山，太祖被惊出冷汗，及时收回成命。赵普的劝说之所以取得成效，是因为江山稳固、地位得失与皇室利益实在太过直接明白。司马光在《涑水纪闻》中记载过关于赵匡胤的另一个故事，也很能说明这种行为选择。一次太祖在后园里用弹弓打鸟，有位臣子报有急事请见，太祖赶紧召见了他，结果臣子说的只是一般事务。太祖发怒责问："这算什么急事？"那人答道："臣认为这件事比用弹弓打鸟还是要急一些的。"太祖火更大了，举起斧柄向对方嘴巴打去，打落了两颗牙齿。臣子慢慢弯下腰，捡起牙齿揣入怀中。太祖骂道："你藏起牙齿是想今后告我吗？"那人说："臣子当然不能告陛下，但自有史官会把这件事如实记录下来。"太祖听后转怒为喜，赐给那人很多金帛以示慰问。君王都怕留下恶名，那臣子的回答正好戳中了太祖软肋，因此前面还骂骂咧咧的赵匡胤，一听史官直书马上清醒过来，压住火气去安抚臣下。

第五，民主体制易，家国体制难。无论史书怎样引导，熟读历史的君王怎样表态，大臣们怎样苦苦劝诫主上，这一切都是"观念形态"的东西，都是在"普天之下莫非王土，率土之滨莫非王臣"的家国体制"客观条件"下，寻求发挥作用的空间的。既然整个国家都是"上天"安排给皇帝的，皇帝怎样考虑和安排，众大臣从根本上又怎么可能奈何他呢？即使选立储君事关国本，但在那个年代，小儿郎、精神病仍能名正言顺世袭登基，君临天下，无人质疑。宋仁宗想与辽国和谈，使臣富弼站在帝王利益的立场上，这样劝说辽兴宗耶律宗真：您知道为什么群臣都要您发兵吗？两国不发兵而和平通好带来的好处，全部归于皇上您一人；如果打仗，将士可以得到很多好处，但战争消耗和百姓怨恨等坏处就要全由您一人承担。富弼还举后晋时契丹攻入中原，金币都到了将士手中，牺牲的战士、马匹和各种善后都需要朝廷承担的史实，最终说服了辽兴宗。在这个意义上，宋朝乃至整个封建帝国的"纳谏"常打折扣、时有水分，就很难避免了。其根子必须归因于君主专制政体的"家天下"世袭制度。南宋时期出现的"权相政治"现象，其实质是皇帝独裁权力的主动授予或无奈让渡，不过是独裁模式下君

〔宋〕佚名《八相图》（故宫博物院藏）

权行使的不同形式而已。宋人评价或今人评价宋代是"以宰相为首的政府是治理天下的执政主体""君主只是国家的主权象征""宰相非君主之附庸""宰相治理天下的权力非君主所赐""君臣只是分工不同"等等说法，是把当时君臣间的宽松氛围与和谐关系，夸张放大地理解成了可以超越封建君主专制制度的"魔障"，实为本末倒置了。

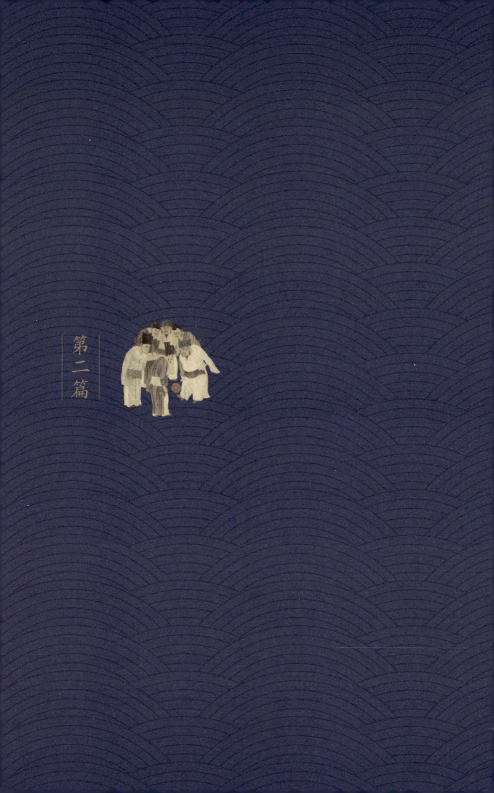

第二篇

宋代生活
方式偶拾

宋代是中国古代经济发展的繁盛时期，特别是在农业、手工业和商业方面取得了长足进步。宋朝的士大夫阶层通过各种方式，推动了儒家"仁爱"和"大同"思想的实现。为了展示宽厚仁义的"衣食父母"形象，也为了维护社会稳定和官民和谐，宋朝政府采取了各种富民乐民济民的社会政策和福利措施。渴望美好生活的人们，有了享受生活的许多有益条件。这一切，使得宋代社会展现出一幅幅民间歌舞升平、百姓安居乐业的画卷。

从宋代人过春节中能悟到些什么

春节过大年，是中国人最重要的节日。春节意味着辞旧迎新、家人团聚，寄托了人们的美好期望。现在有很多人抱怨春节的"年味儿"越来越淡。也许，我们从宋代人过年的方式中，能悟到一些东西。

一

春节过年，起源于殷商时期年头岁尾的祭神祭祖活动。按照我国农历，正月初一古称元日、元旦。辛亥革命后，民国政府采用公历，1月1日为公历岁首，农历正月初一改称"春节"。新中国成立后，将公历1月1日称为"元旦"，农历正月初一仍称"春节"。

"起了个大早、取了个晚名"的春节，到宋代时，节俗文化随着经济文化的繁盛达到了顶峰。如今春节过年的传统习俗，大多来自那个文化昌盛的年代。可以说，"中国年"很大程度上就是"宋朝年"。

宋代过春节，官府规定放七天假，在大年初一前几天，人们就开始洒扫庭除，准备迎新了。除夕夜要祭祀祖先，挂年画，贴"桃符"；好酒好菜上桌吃团圆饭。吃完年夜饭宋朝人是不是去睡觉了呢？北宋孟元老《东京梦华录》记载："士庶之家，围炉团坐，达旦不寐，谓之守岁。"除夕守岁时，各家会有"消夜果儿"端上来，像各色点心、豆子、蜜饯、糕点之类，家人围坐一起，吃着"消夜果儿"，守岁直到天明。

火药技术在宋代得到广泛应用，除夕夜和大年初一，人们用类似炮仗的纸包火药做成爆竹。燃放爆竹的风俗在宋代开始盛行，王安石有诗云："爆竹声中一岁除，春风送暖入屠苏。"

初一那天还盛行穿新衣，串门子，往来拜年。大街上早就搭好了彩棚，沿街售卖过节应季的小物件，也有一年到头受欢迎的冠梳、珠翠、头面、衣着、花朵、领抹、靴鞋、玩具之类的货物，一圈走下来，钱袋子保证变得瘪瘪的。

如今人们会在过年前打扫卫生，除夕全家围坐吃团圆饭，或看春晚，或聊闲天守岁。到子夜时分，还喜欢放鞭炮听个响儿。家家户户在门上贴上大红的春联，到处串门儿作揖拜年，穿着新衣逛街购物消遣，甚至过年也是七天假。这几乎是宋代春节场景的千年穿越。

不过，这些古今过年的场景，一眼只能看到表象。在经济文化繁荣的宋代，春节里的很多年俗活动，其背后有着深厚的风俗牵引和文化内涵。

比如，表达美好期盼，是宋代过年的重要主题。

南宋时期春节讲究吃年糕。年糕有红、黄、白三色，象征金银财宝；年糕又称"年年糕"，谐音"年年高"，寓意生活

〔宋〕佚名《岁朝图》（弗利尔美术馆藏）

一年比一年登高。

大年初一时，很多家庭要吃饺子煮面，取名"金丝穿元宝"。两头上翘的饺子，实在太像元宝了。拿着笊篱捞煮熟的饺子，被谑称为"捞元宝"，从除夕夜吃到、捞到大年初一，那还不财源滚滚幸福来呀！

贴春联也从宋代开始盛行。宋代贴春联用的是红色桃木，古人认为桃木辟邪，而红色象征吉祥，红纸打底的春联沿用至今。宋人已不满足于将画像画在桃符上，而是开始将自己对来年的期许写在纸上贴出来，抒发对辞旧迎新、富贵有余、五谷丰登、家庭和美的祈求。

诗词也是宋代文人表述祈盼的常用方式。宋淳熙年间进士李处全《南乡子·除夕又作》这样写道："和气作春妍。已作寒归塞地天。岁月翩翩人老矣，华颠。胆冷更长自不眠。　节物映椒盘。柏酒香浮白玉船。捧劝大家相祝愿，何言。但愿今年胜去年。"

现在过年人们也说"万事如意""新春吉祥"之类的祝福话，不过在很多人口中，这些话更像是一种礼节性寒暄和客套。其实，古人过年的各种企盼和祝福是建立在人对大自然的敬畏和膜拜之上的，内心感恩，真诚祝愿，祈望和美，憧憬来年。这种"仪式"是人与天地的真诚对话，可以对人的心灵产生一种震撼，进而激发出体内的某种"化学反应"，从而起到心生感激、心存善念、心向未来和振奋精神的积极效用。

这，也许是宋代春节给人触动、令人期盼、让人向往的一个内在原因吧。

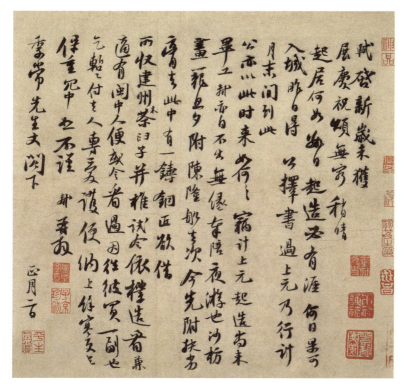

〔宋〕苏轼《新岁展庆帖》（故宫博物院藏）

二

宋代过年的种种节庆活动，当然不只是祈福祝愿，很多活动安排的背后，还蕴含着古人的智慧、德行和礼教。

举个例子。宋代的春节守岁和如今的过年"熬夜"不同。在宋代，长辈、父母不需要守岁，儿女才需要守岁一整夜。

这里面包含的"老理儿"在于：除夕这天和此后几日，长辈们脚不沾地忙翻了天，念及过去一年，更是长辈当家恩情似海。

除夕夜这天，他们需要好好歇息，为来年的辛劳调节奏，为春节给亲朋好友拜年做准备。

说到宋人拜年，他们通常不让小孩子跟随。如今春节见面，见到亲朋故旧家的小孩子都要给压岁钱。宋人不带孩子拜年，正是为了避免被拜年的人碍于情面，给自家孩子发红包。不然一个春节下来，要给多少孩子见面礼呀，不能让压岁钱压住了好不容易等来的过年轻松！在一千年前，这是一种多么仁义理智的拜年风尚啊！

不让孩子去拜年，有的孩子会缠着爹妈要跟去。让他们趁着除夕夜的新鲜劲儿去守岁，天亮了孩子们会正好进入梦乡，开始呼呼大睡。

宋人让小孩子去守岁，还有更重要的原因：孩子们在"守冬爷长命，守岁娘长命"的古训下，表面上是听从安排乖乖守岁，实质上却是小小年纪承担起为父母亲添福添寿通宵祈愿的责任。还有，小孩子在过年这几天白天多睡点觉，也可以适当减少他们去小商贩那里买这买那的花费。"忠厚传家久，诗书继世长"，家风家教对于孩子成长的影响，从某种意义上说大于学校和社会。

受国土逼仄、外族侵扰、重文抑武和"与士大夫共治天下"等因素影响，宋朝在中国历代中具有相对浓郁的平民化、世俗化风尚。这种风尚，通过定期举办大型的与民同乐节庆活动、允许官员与百姓共同游玩和参加宴会、皇家林园允许百姓定期参观并为百姓修葺公共娱乐场所等方式表达出来。春节这样的重大节日，也是为民祈福、官民同乐的重要机会。

大年初一这天，宋朝皇宫内要举行隆重的大朝会。一大清早，皇帝要起身上朝，先膜拜上香，"为苍生祈百谷于上穹"。然后文武百官向皇帝拜年："元正令节，不胜大庆，谨上千万岁寿。"接着皇帝答诸大臣："履新之吉，与公等同之。"

正月初一过后，宋朝官府就要开始搭建元宵节皇帝与民同乐的山棚了。各路艺人齐聚御街两边的廊下，表演歌舞百戏、异能奇术，吸引着来来往往的人。平日深居简出的皇帝，也会"乘小辇，幸宣德门"，出来观赏花灯，观赏宣德楼下露台中艺人们相扑、蹴鞠、百戏等节目。百姓在露台下看演出，先到宣德门下的市民，就有机会近距离一睹皇上真颜。有词曰："奏舜乐，进尧杯，传宣车马上天街。君王喜与民同乐，八面三呼震地来。"说的便是宋朝皇帝在宣德门与民同庆元宵的情景。

宋代的元宵节实在太有魅力，以至于水泊梁山的好汉们也心驰神往。《水浒传》中写道：元宵节将近，宋江对众头领说："我生长在山东，不曾到京师，闻知今上大张灯火，与民同乐……我如今要和几个兄弟，私去看灯一遭便回。"这也是对当年官民同乐场景的真实描写。

宋代很多官员，在春节期间也会轻车简从，融入体察民情、与民同乐的人流中。北宋庆历六年（1046）正月，欧阳修写下五言诗《游琅琊山》。诗中描写道：我厌倦出游有随从陪同，于是让他们在山下稍等；一个人自由自在哼着歌，招呼路旁老人一起同行；一边欣赏无限风光，一边了解身边民情，居然乐而忘返……

以欧阳修为代表的宋朝士大夫，其实有很多，他们发自内

〔宋〕佚名《缂丝上元婴戏图轴》（台北故宫博物院藏）

心地与百姓同喜同忧。宋代科举制度的改革，使欧阳修、范仲淹、文天祥等平民家庭出身的子弟，有机会凭自身才学和胆识走上仕途。从小经历过苦日子的他们，对与民众同苦乐有天然情怀。

正所谓：

除夕感恩长"守岁"，

儿女全年增孝心；

初一拜年避"压岁"，

亲朋晚辈少开销；

春日祈愿苍生暖，

元宵同乐为民安。

这，也是宋代春节暖意融融的一些原因吧。

三

如今在春节期间，各个城市都在挖空心思弄出一些"动静"来，各色美食、游园、展演、赏灯活动琳琅满目。但大多数人还是要回到乡下的老家去过年，还有很多人在怀念一千年前的宋朝生活。从宋代人的春节中，我们可以悟出些什么呢？

不管社会怎样变化，总有一种力量在塑造着我们的生活。宋代春节给今天"定格"下来的种种习俗，让我们对文化传承的巨大力量心生敬畏，不能不静心钻研，不可不精心传承。

不管春节怎么热闹，总有一种心愿感召着人们，这就是辞旧迎新之际的种种期待。春节需要繁荣昌盛的成果展示，也需要除旧布新的希望寄托。既要有花样繁多的各类活动，更应该

〔宋〕刘松年《新年接喜图》（私人藏）

把人们追求平安、健康、富足、和美的种种期盼融入其中。杭州顺应市民想燃放烟花爆竹祈福禳灾的心愿，决定组织新年烟花秀和扩大爆竹燃放区域；宁波响应农民工想要及时拿到工资回家过年的期盼，实施工程建设领域农民工工资专用账户，将人工费从工程款里剥离出来，由监管部门保证发放；温州春节收费泊位免费开放；嘉兴开展"年夜饭"专项检查；金华初一到初三全民健身中心场馆全部免费开放……这些都是各地政府回应市民期盼的积极努力。

　　不管风俗怎样演礼数，总有一种价值观蕴含其中，这就是中华优秀传统文化中的"仁义礼智信，温良恭俭让"。今人常羡慕古人的斯文儒雅，抱怨如今一些人"缺家少教"，而所有的礼仪习惯，都养成于生活的细节中。比如古今都有亲朋故旧多，拜年拜不过来的情况，我们现在微信一个群发，没名没姓，没头没脑，这和有的学生见了师长直呼"老师，老师"而懒得带上"尊姓"的情况类似，少了基本礼仪，缺了起码尊重。微信多几个字，称呼加一个姓，非不能也，是不为也！宋代士大夫春节应酬多无法分身时，常委托家人手持自己的名帖代行拜贺。家人登门，亲手递上名帖，情谊尽在其中了。现在各地春节陆续登台一些文旅展演、年味大餐，热热闹闹是民众的期盼，谦让、礼仪和自律的引导，也是众望所归；红红火火是春节的基本色，诚信、卫生和秩序的保证，也是百姓的关注点。在人流大、情绪高、官民乐的春节里，把传统文化和现代观念，通过传播、管理和法治的手段，通过家长传授、企业提醒、师生互动和政府努力，融入热闹红火的各类活动中，让文明价值观于交往中得到渗透，在活动中经受训练，那可真是"红绸子上绣牡丹——锦上添花"了。

春节，是一个风俗节庆良辰，也是一个文明提升机遇。良辰不是常有，机遇不可多得，领悟了宋人过春节的种种做法，您有了什么新的打算？

清明节的宋代遗韵

说到清明节，人们马上会想到扫墓，想到杜牧的诗句"清明时节雨纷纷，路上行人欲断魂"。可在宋代之前，清明和扫墓是"车走车路，马走马路——互不相干"的。

一、宋代给清明节气赋予了节日内涵

宋代之前，清明还不是节日，更不是扫墓的时节。中华民族是一个脚踏大地、仰望星空的民族，先民通过观察太阳运动轨迹掌握时令，安排农事。《岁时百问》记载："万物生长此时，皆清洁而明净。故谓之清明。"就是说，农历二三月之交（公历4月5日前后），气清景明，万物生长，这就是"清明"节气了。

清明从时令节气演变成祭扫先祖的节日，与寒食节有关。

史籍记载：春秋时期晋国公子重耳为避祸乱流亡他国十九年，忠臣介子推始终追随左右，甚至"割股奉君"。重耳当上国君（晋文公）后，励精图治。介子推则不求利禄，携母亲归隐绵山。后来，晋文公求贤若渴，力邀介子推为己效力不成，便下令放火烧山，想以此逼他出山，不料介子推坚守不出，与老母一起被焚而亡。晋文公难过至极，规定每年的此时为寒食节，民间严禁烟火，只吃冷食，以寄哀思。

到了唐代，寒食节得到官方认可，不仅成为节日，还有了法定的祭扫假期。开元二十年（732），唐玄宗颁布诏书，将代代相传上坟祭祖的寒食节，编入国家礼典，成为法定节日活动。为解决官吏回乡扫墓的时间难题，唐朝以政令形式，将民间扫墓风俗固定在清明前的寒食节，并发布政令，放假相继从四天、五天直至增加到七天。

由于寒食节一般在清明节气的前两天，慢慢地寒食节就和清明节气连在了一起。但是，寒食节禁火与上坟烧纸是相互矛盾的，加上春天乍暖还寒吃冷食很多人不适应，故而历史上"寒食"习俗曾屡兴屡禁。到了宋代，就有了以下几个变化："清明"成为独立的节日，在寒食节之后；原来寒食节祭扫先祖的活动，逐渐"推迟"到清明节，寒食节放假七天的做法也保留下来；禁火、冷食的习俗融入清明节后，禁火的规矩不那么严格了，吃冷食的习俗在很多地方也逐渐淡化，寒食节的功能就下降了，清明节"担当"起原属于寒食节的节俗功能。

可见，今天的清明节，源于"清明"节气和祭扫先祖的寒食节，形成于宋代把清明节气变成"节日"、变成"假期"、变成"清明祭扫"的革新。

二、宋代给清明增加了多彩内容

自宋代形成并传承至今的清明节民俗，还有一个特色，就是根据时令和人们需求，在清明节中融入了很多和春游踏青、放飞心情有关的活动。

唐宋时的清明节，还逐渐吸收了另外一个古老节日——上巳节的节庆民俗。

春秋时已在流行的上巳节，发展到魏晋时期定格在了农历三月三，这是个春天的节日。到了这一天，无论官民贵贱，都出门踏青，欣赏春景，舒展"蜷缩"了一冬的身心；人们在水边举行祭礼，临水除垢，驱邪避灾，以求新春平安。后来经过年代更替，节日活动中又糅进了植树插柳、临水宴饮、相亲聚会等内容。东晋王羲之写的那篇著名的《兰亭集序》，说的就是春日里文人雅士们曲水流觞、饮酒欢聚的故事。

到了唐宋时期，特别是宋代，由于"三月三"的时间和清明节挨得很近，虽然上巳节逐渐不再见于文献记载，但其趁着春光享受大自然美好的习俗，也被包容进了清明节。随着经济社会发展，宋朝社会在进入都市化时代的同时，演变成为一个相对宽松的平民化、世俗化社会。于是，融合寒食、上巳两个节日内涵的清明节，成为宋代春天里最受欢迎的盛大节日，风俗活动更加丰富多彩。踏青、插柳、植树、放纸鸢、荡秋千、吃青团、野餐、蹴鞠、斗鸡等等，构成了宋代清明节假期的欢乐"嘉年华"。

据《东京梦华录》记载，北宋都城汴京的清明节，不仅保

〔宋〕佚名《春游晚归图》（故宫博物院藏）

持着祭扫、寒食等习俗，而且"都城之歌儿舞女，遍满园亭，
抵暮而归"。南宋都城临安（今杭州）的清明节活动，大多和
北宋相似，但地处江南水乡的杭州，更多了一番"彩舟画舫"
的水景风情。《梦粱录》记载，"宴于湖者，则彩舟画舫，款
款撑驾，随处行乐"。宋代诗人吴仲孚的《苏堤清明即事》，
再现了杭州人清明节游玩的画面："梨花风起正清明，游子寻
春半出城。日暮笙歌收拾去，万株杨柳属流莺。"

到了明清时期，清明节不仅退出了"法定节假日"序列，官员们的"带薪休假"也没了踪影。但自宋代以来集春天民俗活动之大成的清明节，仍是每年春季的盛大节日。扫墓祭祀和郊游踏青，依然在节日里扮演着主角儿。

三、宋代清明节的三个"双重遗韵"

和中国其他传统节日相比，宋代清明节蕴含着三个"双重遗韵"：一是兼具节气与节日的"双重身份"；二是包含着慎终追远、继往开来的"双重寄托"；三是融入了怀念先辈哀思和踏青赏春欢愉的"双重心情"。这使得宋代清明节具有中国其他传统节日很难超越的内涵与张力。

对如今的城里人而言，清明只有放假、扫墓、踏青的节日概念。而在农村，清明还是个节气。此时的南方草木勃发、百花盛开、万物生长；此时的北方开始断雪、寒气衰退、气温上升，自然界呈现一派生机勃勃的景象。这个时间是北方旱作和江南早、中稻播种的时节，是农民挽起袖子春耕大忙、卷起裤管抢晴早播的时光。大江南北，长城内外，到处是一片农忙景象。

清明既是自然节气也是传统节日的"双重身份"，使其同时具有自然与人文两大内涵。在古代中国，祖先崇拜和农业生产是人们最基本的两大经济文化活动。在先民的意识中，祭奠祖先和祭拜大自然，是因为二者给自己带来了一切。

清明节重中之重的习俗是扫墓祭祖。对祖辈的怀念与礼敬，源自上古时代的祖先信仰与春祭礼俗。扫墓祭祖不仅表达人们

不忘先辈恩德的情感，还表达了传承先人志业、秉承世代良德的寄托。《论语》里的"慎终追远，民德归厚"说的就是这个意思，"慎终"是说前辈去世后要慎重举办丧礼，以表衷肠；"追远"提示对先人的追慕要诚心敬意，继往开来。当生者对死者的孝思亲情得到表达之时，就在生者和逝者之间、过去与将来之间，通过祭拜，建立起忆往与思来的"双重寄托"，人们从对先辈的追念中，汲取力量，强化担当。宋人认为祖坟影响子孙、青团滋养身体、纸鸢放走晦气、插柳辟邪消灾，他们祭扫后撒下供品分食、踏青赏景游春、蹴鞠锻炼身心等活动，都体现着追思既往、意在将来的寓意。"慎终"是对血缘亲情关系的真

（传）〔宋〕张择端《清明易简图》（局部）（台北故宫博物院藏）

诚尊重，"追远"则超越了认祖归宗的宗族意义，对先人精神礼敬的过程，使后人在回望中坚守美好，在激励中光大先辈的功德与志业。

宋代诗人高翥的《清明日对酒》写道："南北山头多墓田，清明祭扫各纷然。纸灰飞作白蝴蝶，泪血染成红杜鹃。日落狐狸眠冢上，夜归儿女笑灯前。人生有酒须当醉，一滴何曾到九泉。"诗歌把清明节祭扫哀思与踏青欢愉的"双重心情"，同时呈现在了读者面前。仲春时节，气清景明，万物萌发。在这良辰美景中踏青寻春，人与天地亲近，为节气和春天礼赞，既体现了人们融入大自然的自觉，也反映了中国人生生不息、勇毅健行的精气神儿。祭扫，是怀念先辈的精神对话；踏青，是直接或间接对天地物候变动的回应。扫墓祭祖，表达人们对祖辈"托体同山阿"于大地深处的礼敬；探春郊游，成为在和煦春风中拥抱自然、在明媚春光中汲取能量、在频繁社交中传递温暖的坦途。在祭扫时迎春植树，在追思后踏青健身，在礼敬中簪杨插柳，这些文化习俗活动都洋溢着中华文化"天人合一"的精神品质，让人感受到其中的厚重之意。

四、宋代清明节余韵

宋代清明节在传承中的变革，因集大成彰显的风采，留给我们一些思考。

宋代的丧葬方式，远不如今天变化巨大，人们在祭奠时间后移、丰富节日内容方面移风易俗。如今通行的火葬等丧葬形式，使得按家族分区修坟已不可能。在找不到"祖坟"的开放式公墓区，祭祀方式开始变得简单而文明。很多人在墓碑前送上鲜花，或在陵园种上一株松苗，或在墓地放一段亲人生前录音，或把父母留下的纪念品带到墓前，或哼一曲亲人生前爱听的歌曲，还有人把自己或儿女的新业绩告诉先辈……这些活动使扫墓有一些可视、可听、可感的依托，使人们对前辈生前身后的怀念更温暖心灵。

宋代的城市化程度与我们现在的城市化程度无法类比，但宋人为了满足祭奠活动的需要，在祭扫贡品、春日活动方面做了很多改进。现代社会的城市化带来的快速流动和变数增多，使现代人对归属、认同的心理需要更加迫切。一些远在异乡的游子因工作或距离所限，无法亲临墓地祭扫，便在网络技术提供的"云祭祀"平台，献花上香，撰写祭文，同样可以表达心中诚敬。清明节给予中国人的心灵安慰和感情寄托，不仅来自祭祀祖先，其文化内涵也在扩展，祭扫烈士陵墓、缅怀平民英雄，已列入一些机关、企业和学校清明前后的活动内容。怎样安排好这些活动，使参与的单位和个人更主动自觉，这些都值得我们思考和实践。

宋代的生活水平，当然不如千年后的今天。但宋人珍惜春光，享受自然，在清明节融入丰富活动的生活态度提示我们：不必把清明节只当作一个扫墓的"节日"，更不要扫完墓就回到家中钻进网络，坐在沙发上开始刷屏。带着家人半天扫墓，祭奠先人，其余时间可以呼朋唤友去踏青、远足、聚会，去登山、游湖、下海，还可以和家人一起放风筝、荡秋千、打羽毛球……把清明节当作春假来安排，逝去的亲人或许会更开心。

宋代的社会福利制度及其形成背景

'

宋代的社会福利制度，在中国古代历史上占有重要地位。其制度类型多样，覆盖社会面广，福利体系惠及生老病死各个方面，展示了宋代社会对弱势群体的关注关怀，体现了儒家文化的影响和宋朝政府对民生的重视。这些制度在一定程度上缓和了社会矛盾，维护了社会稳定，促进了经济和文化的发展，并为后世的社会保障制度提供了借鉴和启示。

一、宋朝的社会福利制度

第一是贫困救济。宋朝政府对贫困儿童、乞丐、孤寡老人等弱势群体，提供了多种形式的救济，如政府会向即将临盆的贫穷妇女发放生活补贴，以避免出现杀婴现象，确保孩子能够顺利出生。为了解决孤儿问题，宋朝政府设立了慈幼局。不仅收养被遗弃的儿童，官府还为遗弃儿童提供教育机会。如果宋人发现一个儿童在四处流浪，或一个家庭因贫穷养不起孩子，儿童会被送入附近的福利机构收养，由政府提供食宿，安排免费入学；或由政府向贫困家庭发放养育孩子的生活补贴。此外，

〔宋〕佚名《浴婴仕女图》（弗利尔美术馆藏）

政府还鼓励民间收养，并为此提供金钱和物资支持。这一措施有效减少了社会上的弃婴弃儿现象。根据钱塘人吴自牧的描述，慈幼局由官方提供资金，雇佣乳母来养育这些孩子，并为他们提供衣物和食物。如果民间有人愿意收养这些孩子，官府会每月提供资金和米粮支持，持续三年。北宋熙宁十年（1077），中国历史上第一部真正意义上的济贫法《惠养乞丐法》颁布，比英国的《伊丽莎白济贫法》早了五百多年。《惠养乞丐法》

规定，无法自养的人可以得到政府惠养，每年十月政府派人检查每户人家，将丧失劳动能力的穷人、病人和流浪乞讨者一一登记在册，提供食物和生活资助，每日支给米豆一升，十岁以下小儿减半，从十一月初一开始，至次年三月末停止。对于被遗弃的婴儿和孤儿，政府设有福利机构如福田院和广惠仓，专门负责收养弃婴和流浪儿童，并为他们提供生活救助和教育机会。

第二是医疗救助。北宋哲宗年间，苏轼在任杭州知府时，创立了中国历史上最早的福利医院安乐坊（后改名安济坊），专门收养和治疗孤苦贫困的病人。安济坊不仅提供医疗服务，还为防止传染病扩散实行病人隔离制。北宋后期安济坊的做法得到推广，京城也建立了安济坊，官府雇佣医生为患者治病。此外，宋朝还建有药局和施药局等，为老百姓提供低价或免费的药品。

第三是养老救济。宋朝有着较为完善的养老救济体系，包括福田院、居养院、养济院等机构，以及专门的养老机构如安老坊、安怀坊、安济院等，为老年人提供日常生活补贴和照料。北宋元符元年（1098）和崇宁元年（1102），国家先后颁行"居养法"和"安济法"，居养院收留无家可归的贫民，安济坊收治贫困病患。居养院类似于现代的养老院，为鳏寡孤独等无法自存的人提供庇护，包括免费住房、食物供给以及必要的医疗服务。南宋绍兴初年，出现了养济院，主要收留孤寡老人、残疾人。绍兴十三年（1143），朝廷发布"养济法"，规定养济院要为鳏寡孤独废疾者和乞丐提供食宿和医疗救助，还负责为有需要的人提供医疗服务。政府还为老年人提供了养老福利，六十岁以上的老人可以享受每日一升米、十文钱的补贴，八十岁以上和九十岁以上的老人还有额外的补助，如大米、柴钱和酱菜钱，确保老年人能够安享晚年。

第四是殡葬福利。宋朝政府关注民众的丧葬问题，建立了漏泽园等福利性公墓体系。北宋崇宁三年（1104），朝廷诏令全国由各州县派遣僧人对无主尸体进行安葬，为贫困家庭提供无息贷款以安葬亲人，帮助逝者家属置办随葬品和祭品，并在墓地建立祭祀房屋，雇佣僧人管理。漏泽园的建立，体现了宋朝政府对死者的尊重。

第五是宗族福利。宋朝时期，宗族组织在社会福利中也扮演了重要角色。如北宋范仲淹在苏州创设义庄，购置义田，用租米来供给诸房宗族衣食、婚嫁丧葬之用，并立下规矩令诸房遵守，目的在于赈济族人生活，普济"自远祖以下的诸房宗族"，这种做法对其他士大夫和官吏起到了示范作用。金兵南下后，义庄受到冲击，田亩虽存但庄宅坟庐俱毁。尽管如此，范氏义庄的模式仍被后人效仿，明清后期官绅富豪置田产，设义庄，以赡养族中贫弱多疾之人。义庄的普遍推广，极大促进了中国民间慈善事业的发展。在宋朝，宗族内部还成立教育机构，对子弟进行教育，有时也接纳宗族外的好学之人，以提高其社会地位。同时，宗族还会参与救助亲友、赈济乡邻等活动，体现了宗族对同宗及乡里的仁慈之心。

第六是女性福利。宋朝政府开始关注女性的福利，包括教育权、婚姻自主权，以及管理家庭财产的权利等。女性在社会活动中的参与度提高，她们在宗族福利中也发挥了重要作用。南宋绍兴年间，政府开始推行胎养助产政策，为贫困家庭提供生育救济金。如果贫困家庭生了孩子无力抚养，官府就会给这个家庭发一笔钱，一名婴儿可获得四贯的口粮钱，同时成立孤儿院来收养弃婴与孤儿。

第七是其他社会保障政策。宋朝政府实施了一系列社会保障政策，如荒政制度、养恤制度和义庄制度，以保障灾民、老弱病残和乞丐流浪者的基本生活。如荒政制度，是在灾荒年份无偿向灾民提供钱粮和衣物，或通过借贷、迁移灾民到丰收区等方式，解决灾民的粮食短缺问题。此外，政府还会通过建立常平仓等方式，在市场粮价低时适当提高粮价大量收购，在市场粮价高时适当降低价格进行出售，以避免"谷贱伤农"和"谷贵伤民"。

二、宋朝社会福利制度形成的背景分析

宋朝社会福利制度的形成，得益于那个时期经济社会发展等一系列综合因素。

宋代是中国古代经济发展繁荣时期，特别是在农业、手工业和商业方面取得了显著进步，这就为社会福利制度的建立提供了物质基础。而随着经济发展和城市化的扩展，生育人口增加和流动人口增多带来社会结构的变化，进而伴生出不少社会问题，如疾病、贫困、弃婴、老龄化等。在这些背景下，人们对弱势群体包括对老年人、贫困者、儿童和残疾人的关心关注不断增加——社会福利制度完善的物质基础、需求动力和社会

心理，呈现在了宋代执政者面前。

儒家文化在宋代占据主导地位。儒家倡导的仁爱、礼义思想，对政府政策有深远影响，推动了政府在社会福利方面的积极作为。宋朝实行文官政治，文官阶层对儒家"仁爱"和"大同"思想的推崇，促使政府通过福利政策来推动理想的实现。为了展示宽厚仁义的"衣食父母"形象，也为了维护社会稳定和民间和谐，宋朝政府采取了建立福利机构、提供救济金、实施医疗救助等一系列政策措施。宋代的法制也相对完善，政府通过立法确立了福利救济的制度框架，如"居养法""惠养乞丐法"等，为福利制度的实施提供了法律保障。此外，政府中的一些士大夫如范仲淹、苏东坡等，通过个人的影响力和行动力，也对福利救济机构的建立和发展，起到了示范作用。

除了官府的福利措施外，宋朝还有发达的民间慈善组织和活动，宗族、村社、行业和宗教组织等，都在一定程度上参与了社会救济。受到儒家思想、社会需求和政府感召，加上宋代多元文化（佛教、道教等思想）对社会的影响，民间组织也都奉行仁义慈悲、乐善好施的行为准则，在教育、养老、女性福利等方面发挥了重要作用，形成了一种基于血缘和地缘的社会支持网络，促进了对弱势群体的关怀，形成了官民结合的福利体系。

此外，宋代自然灾害频发带来的灾荒和社会动荡，文化繁荣引发人们对生命价值和社会公正的期盼，中央集权的加强使政府有能力在广泛范围内推行福利政策，以及中国古代就有救助贫弱的传统等因素的共同作用，促使宋代成为中国古代社会保障制度发展的一个高峰。

〔宋〕苏汉臣《婴戏图》（台北故宫博物院藏）

三、宋朝社会福利制度对今天的启示

作为一个经济和文化繁荣发展的朝代，宋朝的福利制度在当时相对完善，不仅涵盖了养老、慈幼、医疗、丧葬等多个方面，还包括了对贫困、孤寡、残疾人群的救助。现代社会福利制度虽然在形式和实施方式上与宋朝时期有所不同，但宋朝实践中的一些原则和理念，是可以借鉴转化的。

第一，通过经济杠杆给予社会救助政策支持。宋代政府通过经济杠杆实施了一系列政策和措施，支持和促进社会福利制度的发展。比如，为防止儿童在灾年受难，灾荒年间政府会颁布"官赎政策"，出资赎回被卖子女并将其归还原生家庭；宋代政府制定了养子法令，鼓励民间收养弃婴和孤儿，并对收养者给予经济上的奖励和支持。再如，宋代通过对老年人家庭的税收减免和免除服役，体现了对老年人的关怀。此外，宋代政府通过征收商业税，特别是对盐、茶、酒等商品的专卖以及对行商和坐贾的征税，将积累的大量财政收入的一部分，用于社会福利事业，如公共工程、教育、医疗等。今天社会在利用现代经济手段和金融工具完善对弱势群体的社会保障方面，应该有更大的腾挪余地和创新机会。比如今天的财政资金支持，依然是社会福利制度的重要资金渠道，但在特殊人群的税收减免、民间慈善行为的奖励或褒扬、特殊困难群体的救助或资金补贴等方面的工作，还有不少值得再深入调研、再细化开展的努力空间。

第二，注重发挥社会微组织细胞的社会救助功能。宋代基于血缘关系、为族人提供各种形式福利和支持的宗族福利制度，在民间福利中占有重要地位。宗族通过设立族田、义庄等，为族人提供赡养和救济。同时，宗族还通过编撰族谱、设立宗祠等活动，增强族群的凝聚力和文化认同。这表明，作为社会微组织细胞的家庭和社区，在社会保障中可以起到政府管不到的重要作用。值得现代社会借鉴和创新的是，通过社会舆论、国民教育和政策引导，激发和提升家庭、家族成员之间互相帮助的责任与义务，支持和强化社区在辖区建立起更为紧密的社会保障网络。从这一点来说，我们具备把中国传统习俗转变为今天救助力量的先天优势文化基因。

第三，推动福利经费筹集渠道多样化。宋代的社会福利经费筹集呈现出多样化特点。除了作为经费主要来源之一的政府直接拨款外，政府还通过劝分法等方式鼓励民间赈灾和救济，通过质库经营取得收入补贴福利设施损耗，通过专项基金如养济法、惠养乞丐法和居养法为贫困人口提供日常米豆供给和医疗服务，等等。此外，皇室经费的资助、常平仓的利息钱米、士大夫和富裕商人等的民间捐助、户绝财产的充公调用以及赃款罚钱等等，也都成为充盈社会福利资金的渠道。宋代社会福利资金的多样化，体现在其社会保障体系的构建上，涵盖了救荒救急、济贫助弱、医疗救助、教育支持等多个方面，这对当代社会福利资金的管理与分配提供了启示：在筹集社会福利资金时，应打开筹资视野，拓宽资金来源，形成政府、企业、社会组织和个人共同参与的多元化筹资机制；要建立专项资金管理制度，宋代常平仓、义仓等确保资金专款专用和服务效率的做法，对现代社会保障基金的分类管理和规范运作，有直接参考价值；宋代通过设立"抄札法"登记灾户、"居养法"管理福利机构等立法形式，确保社会福利资金合理使用的做法，对今天确保社会福利资金合法合规使用，依然具有借鉴意义。

第四，重视对福利资金使用情况的监督管理。宋代已经建立起了初步的会计制度和财务监督机制。慈善资金并非由慈善机构自己管理，而是由所在州县政府掌管，监督资金使用的透明和规范；从京师开封府尹到路级的提举常平司、提点刑狱司官员，再到地方州县的知州、通判、县令、佐以及乡村的保正等，都对福利机构的管理负责；同时监察机构如御史台和提举常平司、提点刑狱司，有权监督制度推行情况和受理百姓投诉；政府还引导福利机构规范内部管理，经费出纳有详细账目，被救助人员的接收、救治及死亡原因、时间、年龄和埋葬时间等，都有详细记录，确保了资金使用的可追溯性。借鉴宋代社会救济机构的监督管理制度，现代福利制度应该做到使用和监管分离，鼓励社会参与和社会监督，提高社会福利制度的透明度和公信力，严惩在社会福利资金使用上徇私枉法的腐败行为。

第五，不断调适完善社会福利制度的运行机制。随着社会的发展和变迁，宋代社会的福利制度呈现出不断调整和完善的趋势。北宋前期和后期、北宋与南宋时期的社会福利制度，先后出现了不少变化和新的做法。然而，宋代福利制度依然存在一些突出问题，比如，宋朝为了强国强兵，存在对百姓沉重压榨的一面。史料显示，宋代的丁赋（人头税）成为民众的沉重负担，导致一些地区出现了"不举子"的现象，即生子不养育，反映出社会福利与税赋政策之间的矛盾。宋朝福利政策也存在"夸张"的地方，如蔡京作为北宋末期的宰相，他在任期间虽然推动了福利政策发展，包括居养院、安济坊和漏泽园的建设，但他的福利政策也引发了"过度福利"问题，导致一些州县的福利机构生活条件过于优厚，诱导一些本可自食其力的懒汉长期占用福利资源。鉴往知来，根据经济发展情况、民生福祉需求和福利制度运行过程中暴露出的问题，尽力而为，量力而行，堵塞漏洞，适时而变，是时代赋予今天各级政府和社会仁德之士的使命。

总之，尽管宋朝社会福利体系并不尽善尽美，但这些福利制度已经涵盖了生育、养老、医疗、教育、收容、殡葬等多个层面，体现了宋朝政府的仁政德政，标志着管理者对社会底层民众的关怀，反映了人们在社会救济福利方面的努力。这在一千多年前，无疑已是很了不起的社会进步，展示了当时社会的文明程度。依靠这些福利制度，宋朝社会在一定程度上减少了贫困和不平等现象，提高了民众的生活质量。

唐宋以来杭州人的几个标签

　　杭州，如今已经成为中国生活品质的标杆性城市。遇到重大节庆、民生要事、文旅介绍等等，新闻里不说一下杭州，就好像缺点什么。杭州的很多美名，如鱼米之乡、丝绸之府、茶叶之都、休闲胜地、人间天堂、工艺与民间艺术之都等，都和百姓生活息息相关。这些标签的背后，无不映衬着古代杭州人生活的影子。

　　古代杭州人会劳动也会休闲，凡事乐观，懂得调节。加上杭州天时地利，风调雨顺，衣食丰足，使得古代杭州人善于从生活的不同角度，寻求较高的快乐和幸福，在物质和精神生活方面，处在了当时历史条件下的较高水准。一方面，古代杭州人做事勤勉努力，凡事都尽量做得完美，这样才会有吃喝玩乐游购娱诸方面的消费能力、优质商品和服务质量；另一方面，古代杭州人也善于在劳动中寻求快乐，创造出不同类型、丰富多彩的听戏、观灯、赏花、游湖、踏青、登高等休闲的方式。宋末周密的《武林旧事》记载，南宋临安有书会、演史、说经、诨经、小说、影戏、唱赚、小唱、鼓板、杂剧、唱耍令、商谜、傀儡、蹴球、角抵、举重、相扑等五十二个休闲娱乐种类，著名演员有五百二十四人。钱塘人吴自牧的《梦粱录》记载，临安的瓦子有二十多处，表演的百戏杂剧多姿多彩，构成丰富的社会生活画卷。会劳作，也会休闲，不仅促进了经济和社会的和谐发展，也为杭州后人培育起一种代代传承、幸福程度较高的生活态度和生活方式。

一、勤于工艺

杭州人在长期的农耕桑织和商业活动中，在人稠地狭、资源短缺的限制下，养成了精耕细作、精雕细琢、精益求精、追求完美的生产和生活习惯。纹饰精美、温润光滑的良渚玉器，釉色剔透、纹片匀整的官窑瓷器，校勘精细、刻印均佳的"官刻""家刻"和"坊刻"，丝滑柔顺、色泽光艳的杭州丝绸，针法考究、品种繁多的杭绣，淡竹作骨、丝绸张面的西湖绸伞，技艺精湛、装饰优美的王星记扇子，镶钢均匀、磨工精细的张小泉剪刀，香气鲜嫩清高、滋味鲜爽甘醇的西湖龙井，以及余杭由拳村的黄藤纸、富阳的小井纸、赤亭山的赤亭纸，余杭瓶窑的"浙瓷"、淳安王阜乡的"八都麻绣"等等，这些从远古至近代杭州人手中诞生的各种工艺风物，展示的是人间的精工细作，透出的是杭州人做事认真、追求完美的劳作态度。

从隋唐开始，杭州作为东南沿海的经济中心城市，商品、人群流动频繁，这不仅为杭州的风景提供了大量客源条件，也推动了相关商业和服务贸易业的发展。反过来，美丽的风景又吸引了更多的人前来旅游，进一步促进了商业和服务贸易活动

〔宋〕李嵩《货郎图》（克利夫兰艺术博物馆藏）

的增加。如果说中国古代其他城市，风景旅游对经济社会影响的记录极少，那么杭州是个例外。宋以后杭州的各种地方史料相当丰富，从这些野史、笔记中，可以窥见风景旅游在人们生活中的分量。南来北往的人多了，各类能工巧匠也就被吸引过来。

　　唐代以后，杭州的丝绸、瓷器、印刷、医药、酿酒等手工业发展迅速，在全国占有很大份额。明清以后，龙井茶、天竺筷、西湖绸伞等西湖名特产，以及俗称"五杭"的杭扇、杭线、杭粉、杭烟、杭剪等手工业产品，生产数量十分庞大，靠的就是旅游者的消费。在南宋人写的《都城纪胜》《梦粱录》等书中，详细记载了南宋杭州城商业、服务业的繁荣，从中可以看出西湖风景及旅游对城市经济的巨大推动。宋代开始就出名的"香市""花市"等，也是促进旅游服务业发展的高招。明代张岱《陶庵梦忆》中有对西湖香市的描述："西湖香市，起于花朝，尽于端午。山东进香普陀者日至，嘉湖进香天竺者日至。则与湖之人市焉，故曰香市。然进香之人市于三天竺，市于岳王坟，市于湖心亭，市于陆宣公祠，无不市。""昭庆两廊，故无日不市者：三代八朝之骨董，蛮夷闽貊之珍异，皆集焉。至香市，则殿中边甬道上下、池左右、山门内外，有屋则摊，无屋则厂，厂外又棚，棚外又摊，节节寸寸。凡胭脂簪珥、牙尺剪刀，以至经典木鱼、孩儿嬉具之类无不集。""如逃如逐，如奔如追，撩扑不开，牵挽不住。数百十万男男女女、老老少少，日簇拥于寺之前后左右者，凡四阅月方罢。恐大江以东，断无此二地矣。"

二、工于造景

杭州西湖是从唐代开始出名的。白居易在杭州任刺史时，走遍了西湖的山山水水，发现这个湖泊有着不同寻常之美，并将其称为"西湖"。他的《西湖晚归回望孤山寺赠诸客》和《杭州回舫》两首诗，最早使用了"西湖"一词。后经过宋代的欧阳修、范仲淹、苏轼、杨万里等大师级人物的歌咏描摹，山水秀美、风光旖旎的西湖，成了杭州人喜欢的一处胜地，中华民族审美的一个标识。

站在湖滨西望，湖山由近及远，以西湖为中心的群山，海拔依次抬升。三面云山、一水抱城的山光水色，"一山、二塔、三岛、三堤"的湖景格局，以及西湖周围山形行云流水、湖里山中灵秀的山水格局，吸引了无数文人墨客和才子佳人。在中国的皇家园林中，我们也能看到西湖的身影：圆明园四十景中的"方壶胜境"模仿西湖的三潭印月，其"曲院风荷""平湖秋月"直接照搬了"西湖十景"；承德避暑山庄中的永佑寺舍利塔仿照六和塔而建，"芝径云堤"从白堤、苏堤中吸取灵感，"锤峰落照"受到西湖"双峰插云"启迪；颐和园的山、湖、堤、岛格局，几乎都以西湖为模板复制，连苏堤上的六座桥也被粘贴成了"西堤六桥"。不仅如此，日本、韩国的园林也受到西湖园林影响。2011年世界遗产委员会对杭州西湖做出了这样的评价：杭州西湖"是文化景观的一个杰出典范，它极为清晰地展现了中国景观的美学思想，对中国乃至世界的园林设计影响深远"。

三、乐于山水

杭州曾是东汉隐士严子陵和北宋"梅妻鹤子"林逋醉心山水、避官修为之处，也是元代画家黄公望、书法家鲜于枢以山水为师、结庐创作的隐居地。历代文人徜徉于自然天成的美景之中，吟咏赞颂杭州山水、田园风光的优美诗文，对杭州人的生活态度起到了极大引领作用。

　　从唐宋年间开始，杭州人就有携家带口或游湖，或采莲，或观潮，或弄潮，或登高，或掘笋的游西湖习俗。南宋大诗人陆游在杭州住过一段时间，他曾写过一首描写杭州人游西湖的诗，一口气写了十四句。诗一开篇就说："西湖二月游人稠，鲜车快马巷无留。"农历的二月是公历的三月，西湖的初春景色无限，风光旖旎，携家带口出游的人密密麻麻，好不热闹！豪车快马几乎围堵了西湖周围的所有景点，本来热闹的街巷里弄，反而显得空空荡荡的了。诗的最后两句这样收尾："南山老翁亦出游，百钱自挂竹杖头。"陆游在说，老汉我也压抑不

〔宋〕李嵩《西湖图》（上海博物馆藏）

住游兴，抬脚出门，独自一人溜达到湖边，买几杯酒，坐下来边看风景，边独斟独饮，岂不快哉！——一幅古代杭州人西湖春游图跃然纸上。

　　明代杭州有位戏剧作家高濂，他通过对杭州同乡们四季游玩方式的观察，写了一本《四时幽赏录》，说杭州人在春天时，"孤山月下看梅花，八卦田看菜花，虎跑泉试新茶，保俶塔看晓山，西溪楼啖煨笋，登东城望桑麦，三塔基看春草，初阳台望春树，山满楼观柳，苏堤看桃花，西泠桥玩落花，天然阁上看雨"。到了夏天，杭州人"苏堤看新绿，东郊玩蚕山，三生石谈月，飞来洞避暑，压堤桥夜宿，湖心亭采莼，湖晴观水面流虹，山晚听轻雷断雨，乘露剖莲雪藕，空亭坐月鸣琴，观湖上风雨欲来，步山径野花幽鸟"。此外还有"秋时幽赏""冬时幽赏"的描述，如秋天"满家弄赏桂花，胜果寺月岩望月"、冬天"三茅山顶望江天雪霁，西溪道中玩雪"等。清代杭州藏书家、学者翟灏和翟瀚在《湖山遍览》里，参考《西湖游览志》和《西湖志》记载的西湖游览景点，已达一千零十六处之多。

古代杭州人醉心山水、崇尚自然、追求原味、模山范水的生活方式的形成，可以归因于以下几个方面：一是得益于山川秀美、景观多样的独特自然条件。杭州西湖景观有山有水，但山不高不低，不远不近，且山形柔美，起伏婀娜；湖面不大不小，湖水不深不浅，且湖水、群山与城市紧密相连，形成"三面云山一面城"的独特景观，折射出中国传统哲学、美学和文学的形象化理念。古代杭州过中秋的风俗是与三潭印月、平湖秋月、月岩望月和三生石谈月联系在一起的，充满诗情画意；但古代杭州"八月十八观潮"的民俗，又少不了"数百里士女，共观舟人渔子溯潮触浪"（〔唐〕李吉甫《元和郡县志》卷二十五）的盛况，向涛弄潮，浊浪排空。二是得助于历代文学、艺术大师们对杭州美景的名篇传世和民间传扬。自古以来，西湖景观一直处在江南乃至中国人审美体验、审美创作的中心位置。人们口口相传的"水光潋滟晴方好，山色空蒙雨亦奇""未能抛得杭州去，一半勾留是此湖"等吟咏西湖山水的诗歌名联和锦绣文章，南宋画院涵盖春夏秋冬、晨昏晴雨的题名山水画"西湖十景"，以及后世衍生的元代"钱塘十景"、清代雍正

"西湖十八景"和乾隆"杭州二十四景"等，都对后世审视西湖和欣赏美景产生了巨大影响。三是得道于人们在生产生活中的深切体会。山水穿插的地理环境、人多地少的富庶之乡，使得杭州人深知，皇天后土是财富之源，珍爱自然就是珍惜自己和子孙万代的福荫。明代高濂在《四时幽赏录》中，对杭州人在四季喜做的"闲事"做了生动描写，如"八卦田看菜花""虎跑泉试新茶""西溪楼啖煨笋""登东城望桑麦""三塔基看春草""初阳台望春树""湖心亭采莼""乘露剖莲雪藕""满家弄赏桂花""雪后镇海楼观晚炊"……这些"闲事"全部与农桑衣食、田园风光有关，体现了古代杭州人生产和生活、物质和精神的完美结合。

四、喜于茶事

从文献记载来看，杭州产茶的历史可以追溯到唐代。茶圣陆羽（733—804）在其所撰世界第一部茶叶专著《茶经》卷下《八之出》中记载："杭州临安、於潜二县生天目山，与舒州同；钱塘生天竺、灵隐二寺。"说明杭州产茶已有一千二百多年历史。

到北宋，杭州茶叶的种植范围更广，除灵隐、天竺外，北山宝云山也产茶。明田汝成《西湖游览志余》卷二四《委巷丛谈》载宋代西湖名茶："杭州茶宝云山产者，名宝云茶；下天竺香林洞者，名香林茶；上天竺白云峰者，名白云茶。"

明高濂也说："西湖之泉，以虎跑为最；两山之茶，以龙

〔宋〕刘松年《撵茶图》（台北故宫博物院藏）

井为佳。谷雨前采茶旋焙，时汲虎跑泉烹享，香清味冽，凉沁诗脾。每春当高卧山中，沉酣新茗一月。"明代钱塘人许次纾著有《茶疏》，涉及产茶采摘炒焙烹点诸事共三十六条，被后人赞为"深得茗柯至理""与陆羽茶经相表里"。

　　龙井茶在清代进入辉煌期，名列众名茶之首，成为皇室重要贡品。乾隆帝六次下江南，四次视察龙井茶区，并品茶作诗，推动了龙井茶声誉远播。时至今日，外地游客到杭州购物，或杭州人送礼，或国家对外赠送国礼，龙井茶依然是最佳选择之一。

五、融于平和

山川秀美令人脱俗，免于战乱生活安宁；中心城市见多识广，商贾云集培育公平；衣食丰足才思玩赏，官民和谐人心温良……得益于杭州的自然条件、政治环境、历史机遇和自身努力，古代杭州人是在集山水、劳逸、动静、物我、情法、官民、内外和谐于一身的环境下生产和生活的。这种环境，培育出杭州人理智冷静、遵规守矩、处事平顺、待人平和的思维习惯。杭州人理性平和的思维习惯，有三个鲜明特征。

一是待人平和。古代杭州人崇尚文雅，鄙视粗野，能够超越一些世俗观念的羁绊，温和对待世间的人与事。对才情女子苏小小尊重传颂，让一位歌伎的坟茔伴随西湖百世流芳；北宋杭州太守李谘得知隐居孤山的林逋去世，亲自带着门人为这位清高孤傲的隐士守灵七日。

二是做事和顺。古代杭州的官民、官商关系比较平顺，见人有难，能帮则帮；遇到问题，习惯大事化小，小事化了。典籍记载：苏东坡在任时微服私访品尝杭州一种小饼，和店老板攀谈时得知小饼无名，便建议起名"蓑衣饼"，后成声名远扬的"酥油饼"；杭州人把口味特殊但"出身卑微"的叫花鸡列为杭州名菜，让它登上大雅之堂。南宋抗金功臣王佐受皇上奖励，在断河头附近修建王府时，因妨碍交通遭百姓抱怨，王佐转而缩小建设规模，还用省下的材料为民建造石桥；清代诗人、书法家王文治任临安太守时，欣赏菜市桥南瓦子巷民间盲女艺人王青翰的演技，特意为她书写"青翰舟"匾额助其演艺……

这些皆成后世民间佳话。

三是天人合一。古今杭州人的饮食一直比较清淡，讲究品尝食材的自然原味，习惯凉拌、清蒸、清炒的烹调方式，喜好时鲜、爽口的健康口味；杭州的茶室大都建立在山地茶园之中，茶与景、与人、与天地、与云雾、与竹石、与花木融为一体。杭州人做事努力，但也顺应自然，不勉强从事，不刻意追求，习惯把要做的事和自然环境、天地常规顺应起来。在生产实践中，珍惜自然，关爱生灵，与自然界各种生物和谐相处。作为蚕桑丝织生产的发祥地，古代杭州人"蚕娘""蚕宝宝""看蚕"的亲昵称谓，体现着对蚕桑农事无微不至的敬畏呵护心态；古代水井有饮用、消防两大功能，冬暖夏凉伴随人生，那时杭州人有过年"封井"的习俗，认为井水汩汩流淌一年需要休息，用红纸条交叉贴在井栏上停用几天，也表达出杭州人对自然生态的珍爱、感恩之心。

六、善于包容

杭州历史上是吴越国的国都，吴越国所辖两浙十三州，包括了今天以杭州为中心的浙江全境及上海、苏州、福州等地，国都地位推动了南来北往人群在杭州的商贸和文化交流。北宋大文豪苏轼，除了治理西湖、疏浚六井、开浚河道、救济灾民和筹建"安乐坊"为穷人免费提供医疗和粥饭，还满怀深情地留下三百多首歌咏杭州的诗词。他所作的"居杭积五岁，自意本杭人"和"我本无家更安往，故乡无此好湖山"的诗句，充分表现出对杭州的家乡情怀。为什么呢？除了杭州的山水温婉、美景留人、美食可口、寺僧有情，杭州人的温和、仁义、做事规范、敬上尊下，很容易让人感觉住得安逸，过得轻松。

南宋建都临安后，杭州进一步成为中国的政治、经济和文化中心，全国最大的商业城市，宋室南迁裹挟的达官贵人和能工巧匠，国都繁华及西湖胜景吸引的八方人才和各路英豪，对外贸易发展带来的中西交流和思想冲突，使得杭州文化经受了南北、东西、中外、新旧的交融碰撞。此外，古代与杭州府毗邻、现已属杭州管辖的严州府，自古和杭州一直同饮新安、富春一江水，杭州从新安文化的建筑、商业、理学、医学、画派、工艺中吸收了很多有益成分；近代江浙一批批知识分子从上海启程到日本、美国和欧洲留学，从外国引进了先进设施、管理制度等，为杭州文化融入了"海派文化"的基因。杭州人的文化，是在江南文化背景里产生，在南北文化交融中成长，在中外文化碰撞下强健的。这些不同文化因子在交织碰撞中，不是东风压倒西风，而是像冷暖空气对流后不断攀高，落下时或斜风细雨或狂风骤雨，最后你中有我我中有你、彼此融通了。

七、乐于助人

在一方温情善良土地上生长并得到润泽的杭州人，自古以来就有急公好义、扶危济困的世风民俗。苏小小为素昧平生的穷书生上京赶考解囊相助。苏东坡为扇子积压的后生题写扇面，用自己的墨宝助其卖扇还债。南宋时郑兴裔为收置北方逃到临安无家可归的饥民，在笕桥购买六百余亩地建立郑氏义庄，安顿流民和周济众生；后发现北方人吃不惯稻米，便在义庄尝试种植大麦、小麦、蔬菜等，并把义庄改称为"麦庄"。后来，麦庄成为南宋时期全国最大的义庄。清代杭城商帮为鳏寡孤独和贫病者提供无偿捐助，先后建有大小二十多家慈善组织，有三仓、粥厂、丐厂、义渡、迁善所、浚湖局、救火义集等，还以青壮年为骨干自发组成防火志愿者"救火会"，遇到火情以钟鸣为号，舍身扑救。

八、甘于感恩

从山川秀美愉悦人心，到鱼米之乡、物阜民丰，从吴越国保境安民、弭兵求和，到南宋王朝重文轻武、文化繁盛，古代杭州人长期在一种生活安定、衣食富足、交往频繁、行事从容的环境熏陶下，做人温和仁义，做事和合有序。

唐宋年间造福市民的白、苏二公离任杭州，百姓们会自发含泪送别；"乌台诗案"发生后，杭州民众又到寺庙做道场为苏轼祈求消灾，还以"白堤""苏堤""杨公堤""阮公墩"的命名，永世纪念和感恩那些造福杭州百姓的父母官；明朝浙江按察使周新不畏强梁为百姓惩治贪官遭陷害冤杀，浙杭绅民立碑、立祠、修庙纪念他，今天吴山上城隍庙里供奉的，就是"城隍之神"周新；清代杭城活跃着二十多家慈善组织和数不清的分支、站点，善举包括免费提供养老、学堂、摆渡、稀粥、验尸、救火、无息贷款、乞丐栖息地等；晚清丁氏兄弟以家业支撑造桥、修路、赈灾和抢救《四库全书》，将公益善事作为毕生追求。

九、敢为英雄

吴越称臣的尊上自重，南宋偏安的国耻家仇，元代采取的民族压迫政策，明朝的北迁和兵燹，加上长期与大自然搏击抗争，以及多次人口大迁移带来的北方人的尚武之气，都对富庶自信的杭州人性格带来深刻影响。宋人潘阆在《酒泉子·长忆观潮》中，描写了杭州人在钱塘江边"弄潮儿向涛头立，手把红旗旗不湿"的果敢精神；历史上江南一带关于"苏空头、杭铁头、扬虚子"的民谚，概括反映了古代杭州人执拗刚强的率性风格。

南宋定都临安后，长期处于金国、元朝的入侵威胁之下。为此南宋军民进行了多年艰苦卓绝的抵抗斗争。这期间涌现出无数英雄，如抗金英雄岳飞、报国忠臣文天祥、殉国丞相陆秀夫、白发将军宗泽、一代名将韩世忠等等，他们的事迹可歌可泣，谱写出气壮山河的英雄史诗。《宋史·忠义列传》收录的二百七十七位爱国志士，大部分生活在南宋时期，他们身上的爱国主义、民族气节和视死如归的大无畏精神，成为中华民族伟大精神的重要组成部分。特别是岳飞作为爱国主义的旗帜和壮美人格的化身，家喻户晓，世代传颂。明代钱塘人于谦在大敌当前、局势危急之时，挺身而出，力排朝廷南迁之议，率领军民誓死抗敌，终于赢得了京师保卫战的胜利，迎回了明英宗，成为士大夫阶层忠君爱国的典范。

由于南宋及后世对上述英雄的传颂和爱国主义文学的传播，

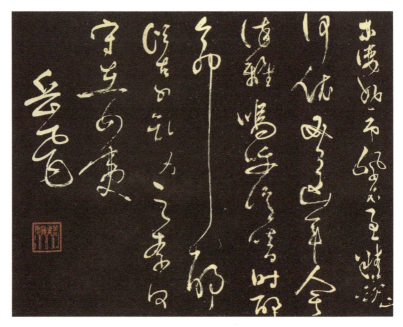

〔宋〕岳飞草书《吊古战场文》杭州岳王庙拓片（局部）

南宋时期这种爱国主义精神在中华文化中不断发扬光大。杭州相继涌现出杀贼壮士施全、抗元名将陈文龙、卫国先驱于谦、抗倭名将宋应昌、抗清儒将张苍水、女侠风范秋瑾、敢死队长汪珪等英雄豪杰。这些从杭州走出来的英雄，名号和事迹代代相传，成为中华民族维护国家统一和民族利益的集体记忆，成为影响一代代中华儿女精神品格的强大文化基因。如果说中华五千年文明史是一部波澜壮阔的英雄史诗，那么这部史诗中的华彩乐章和激昂音符，就是在杭州这片热土上高亢奏响并激越传扬出去的。

十、长于交流

在唐朝时期，日本、高丽、大食、波斯等国的船舶已经频繁往来于杭州的钱塘江口。古代杭州接纳过成寻、俊芿、圆尔辨圆、南浦绍明等日本僧人，以及马可·波罗、鄂多立克、马黎诺里、金尼阁、卫匡国等欧洲旅行家、传教士。古代杭州，也先后走出了谢国明、戴笠、陈元斌、林净因等一大批漂洋过海在东南亚传播中国经济文化的使者。

杭州曾经是中日、中韩佛教文化交流的中心。南宋时期，以灵隐寺、净慈寺、径山寺等为代表的杭州寺院，成为当时中日佛教文化交流的中心。日僧俊芿拜径山寺蒙庵元聪禅师为师，荣西在灵隐寺拜慧远为师。杭州径山寺还是日本茶道的源头，俊芿、圆尔辨圆、无本觉心、南浦绍明等先后来寺学禅，学成后把中国茶经典籍及径山茶具带回日本，将种茶制茶技术和茶宴仪式也带回了日本，"径山茶宴"逐渐演化为日本幕府和高层社会的仪节"日本茶道"。

古代杭州人和外国人的交往方式，从日僧成寻《参天台五台山记》记载里，可以窥见一斑：北宋熙宁三年（1070），日本大云寺寺主成寻登陆明州（今浙江宁波），沿运河经越州入杭。他先是住进一家客店，店主张宾告知"出州行游"须有官府旅行证明，并去杭州衙门为成寻"进署名之文"，还为初来乍到的成寻做了担保人。后来，成寻在店里认识了从事宋日贸易的商人陈咏，陈欣然应邀，做了成寻参巡天台山的翻译。成寻意外收到了龙华宝乘寺参加斋会的邀请，寺主还派船来迎接。

（传）〔宋〕马公显《药山李翱问答图》（日本京都南禅寺藏）

成寻参拜了大佛殿、礼堂、五百罗汉院、观音院等寺内建筑后，参加了斋会。隔天，衙门使者至张宾客店，传达南屏山兴教寺作为成寻宿所的官衙决定。次日府使再来，转交了兴教寺的请文，请成寻一行移居过去。再次日，成寻乘知州派来的轿子，与弟子一同到了兴教寺驻锡，寺主率僧众在大门口迎候。成寻等巡礼了寺内礼堂、大佛殿、十六罗汉院、天台九祖堂、文殊堂等，观摩了讲经会，受到大小教主的特别招待。游记记载："寺教主、诸僧来向，诸共礼堂"，由大门迎入礼堂。斋膳时，"诸僧向食堂了。日本僧等于教主房别食，尽善尽美"。斋膳之后，"大教主老僧为点茶，行向吃茶"。移锡兴教寺当日下午，成寻又前往净慈寺参拜了大佛殿、五百罗汉院、石塔等建筑，与净慈寺教主、敕赐达观禅师做了交流，达观禅师还请成寻至自己房间茶叙，两天后又派人送去斋会请帖。次日，灵隐寺僧侣德赞、明庆院浴堂僧侣相继来访。再后，翻译陈咏送来杭州知州衙门颁发的许可巡礼天台的"公移"。当时苏轼恰在杭州任通判，游记中收录的公文的末尾，正是苏轼的亲笔签名。成寻结束了在杭州满满登登的日程安排，杭州的店主、商人、府使和佛教人士的友善待客与主动结交，给他留下了美好印象。

16 世纪末至 20 世纪初，杭州是这一时期中西文化交流的重镇，多位著名传教士在此留下了足迹。17 世纪初，金尼阁来到中国，后寓居杭州，病逝后葬于大方井天主教墓地。金尼阁是著名汉学家，著有《西儒耳目资》等，向西方介绍杭州，介绍中国的风土人情、语言文字、儒家经典和历史文化。卫匡国被称为西方的"中国地理之父"，除《中国新地图志》外，还著有《中国上古历史》《鞑靼战纪》等多部作品，他去世后也葬于杭州大方井。明末中国天主教"三柱石"中的两位李之藻和杨廷筠，都是杭州人。万历年间，李之藻和意大利传教士利玛窦是好朋友，合作完成了《坤舆万国全图》，并为之作序。此后又合作翻译了《浑盖通宪图说》等著作，大力介绍西方科学知识。杨廷筠的贡献在于融合儒家和天主教，宣传天主教的哲理和信仰，主要作品有《天释明辩》《代疑篇》等。

拜谒醴泉寺

　　初到山东邹平，地名有些陌生。这里，是历史上的齐鲁九县之一，夏朝就建立了邹侯国。20 世纪 30 年代，学者梁漱溟为期七年的乡村建设实验活动，选址就在邹平。

　　出发前百度搜索当地旅游信息，排在鹤伴山、樱花山的后面，有个醴泉寺。打开介绍，吃了一惊。醴泉寺，居然是北宋名相范仲淹少年发奋读书的地方。

　　忙完公务，天色已晚，决定明天拜谒完醴泉寺再返程。

　　半夜里，一阵"轰隆隆"的春雷声，穿越玻璃和窗幔，在枕畔滚滚炸响。起身推开宾馆窗户，"哗哗哗"的春雨从天上泼洒下来，在路灯下的水泥地上肆意横流着，格外亮眼。明天会是个好天。

　　早餐后出门，邀请单位的许院长、吴科长已在大门口等我。天宇澄净，空气清新，昨晚的急雨，把多日的北方阴霾消去，像是为拜谒之路洗尘清道。

　　车一直开到醴泉寺大门口停下。下车环顾，已见零星游人。足有二十级的台阶顶端，一座单檐庑殿顶的文昌阁横在高处，飞檐翘角，蔚为壮观，加上两侧群山环绕、周围春枝嫩叶的映衬，更给人灵秀静美之感，令人肃然起敬。

踏进山门，穿过天王殿，进入后面的大雄宝殿。一位身着黄色袈裟的僧人手持电声话筒，口中念着佛经。退出大殿，见门口坐着一位体形微胖、慈眉善目的僧人，我双手合十向他问好，那师傅连忙起身合十回礼。

"想看看范仲淹少年读书的地方，不知在哪里？"我微笑着向师傅打听。

"就在大殿后面。"他指着大殿右侧的路示意我们。

"那儿有导游或介绍的资料吗？"见我一脸虔诚，态度认真，圆脸师傅说："我带你们过去吧！"他迈下台阶，径直向大殿右侧走去。

快步跟上师傅，转到殿后范公祠门口，一尊高大的范仲淹金身坐像，正对大门。祠堂大厅宽敞，空无一人。四面墙上挂满了描述范仲淹生平的工笔绘图，从"生于徐州""迁徙长山"，到"潜洞治学""划粥断齑"，再到"广德治狱""泰州筑堰""捐宅助学""谪戍边关""窖金捐僧"，直至"庆历相国""礼参父老""名篇现世""青州放粮""名垂千古"。

圆脸和尚如数家珍，逐一为我介绍壁画上的故事。尽管这些故事我大都熟悉，但还是认真听着他的讲述，不时点头回应，以表对师傅热心介绍的尊重。还想了解点细节，我插话道："范仲淹小时候在寺庙里，能学到什么东西？"师傅笑笑没搭茬，接着往下讲。过了会儿我又问："他去应天府书院读书前，在这里待了多长时间？"圆脸师傅歉意地笑笑："这个我还真不知道。"

我见师傅身后有个上楼的小门，便问楼上有什么，僧人回答说是范公书画院。我试着推推门，锁着。

走出范公祠回望，祠堂高大的身影温情留客，殿角风铃的鸣响令人心惊。闻声追远，睹物思人，中国历史上平民出身、先忧后乐的政治家范仲淹，曾在这里蓄积治国志向，走向庙堂之高。可惜沧海桑田，没能瞻仰到他的留世遗存。不知今后，还会不会再走到这里。我让无人机升空，给范公祠全景和周围环境留点素材。看着显示屏里飞动的画面，心中流动着此行的印象——整个醴泉寺，位于邹平长白山的群山环抱之中。自北而南，中央五幢高低错落明代风格建筑，依次递进，伸向大山深处。寺内雕梁画栋，古木森森；黄澄澄的金枝国槐环绕寺院，在春日晨阳的映照下，枝伸叶展，光动风摇。这里，绝对称得上是一个环境优美、聚合天地的风水宝地。

从无人机显示屏的对角线上，我发现范公祠的屋顶，居然比大雄宝殿还高出两米！而且范公祠的大门朝向，居然和大雄宝殿也是反着的。我请教醴泉寺的僧人原因，没有得到答案。我理解：醴泉寺背靠的长白山坐南朝北，山寺依山而建，也只能"坐南朝北"。由于南北朝寺造在前，宋代祠建于后，把范公祠的大门换个朝向，就避免了范公祠"委屈"在大雄宝殿之后的尴尬，而且人家可是"坐北朝南"开的大门呀，位置谁在谁后还两说呢！如今重建的二进院落的范公祠，也完全是宋时风格。这一切，也许正是圆脸师傅那句话的一个实证："天下寺院皆崇佛，唯有醴泉独尊儒。"

寺院和祠堂同居一个庙堂里，这在我走过的所有寺庙道观

〔宋〕范仲淹《二札帖》（故宫博物院藏）

中，闻所未闻。是当地人把范公当作了神灵来供奉？还是借范公遗迹，为这座始建于一千五百年前、现代又重建的寺庙多添点香火？其实都不重要。范仲淹迁徙长山、潜洞治学、划粥断齑、窖金捐僧、青州放粮的足迹和善举，都发生在醴泉寺中或山东境内。为有云水气节、家国情怀的千古贤相辟出一方圣地，供后人瞻仰、祭奠和追思，本身就是功德无量的全部意义。

当然，如果少些范公综合性生平介绍，多些他在醴泉寺遗迹的本土挖掘；如果除了网上千篇一律的几句说辞，再做些对范公这段史实的细致搜求；如果除了墙上的平面图画，再多些其他传播方式；如果除了有热情僧侣的"跨界"讲解，也请退休在家的教师、公务员等志愿参与培训和专业讲解……已经很珍重范公的邹平人，还有很多事情可以做。森林公园、樱花盛开哪里都有，贤相范仲淹少年读书地可是全国唯一，将这一景点排名"老三"，也许只是立足本地，于全国而言有点明珠暗投了……

进一步思考，范仲淹自小从南方苏州移居齐鲁大地，孔孟之乡这方水土对他"忠君爱国"思想和"山高水长"气节的形成，起到过哪些影响？如果联系醴泉寺长老对他学习的支持和推荐，联系应天府书院同窗的慷慨接济，联系孔孟之乡儒家学说的人文背景和急公好义的社会性格等进行介绍讲解，那么来到醴泉寺的游客们，对从齐鲁大地走出这位名臣良相，会获得对地缘文化浸润的深切认知。

再进一步思考，范仲淹在醴泉寺读书的经历中，隐含了哪些决定他后来成为著名政治家和文学家的性格因素？比如"划粥断齑"是吃得起苦的表现，是否也是少年范仲淹自律性极强的典型例证？再如"窖金捐僧"直接体现了心怀大志、不恋钱财的高远境界，同时是否也包含着范仲淹善于发现（通过追老鼠发现金窖）、关心民瘼（让窖金"一半修寺院，一半济僧人"）的情怀？

老话说，"建庙容易香火难"。在文化建设初期，先搭"台子"有必要，也符合民众审美习惯的递进规律。但如能够在初期建设的同时做些没有轰动效应的历史钩沉、内涵挖掘的幕后工作，其实能起到指导建设、事半功倍的作用。"面子"便于展示，"里子"决定品次，今天的文化建设，已进入先内涵后外延、要建设更要可持续维护的品质提升时代。

第三篇

宋韵文化
研究传承辨析

时下的宋韵文化研究，在一定程度上存在"新瓶装旧酒""缺乏思想性""缺乏现代转化"的情况。宋韵文化这一新概念的价值在于，提出了对待宋代文明三方面的认知思路和工作着力点：立足于对宋代经济社会辉煌发展的认知基础，着眼于表现和推动宋代发展的文化成就挖掘，再造源自宋代发展和文化辉煌的时代价值。为此，宋韵文化研究和建设面临三个转变：转变就文谈文现象，挖掘和提炼历史文化中的优秀内涵，展示文化成果的艺术品位和思想魅力；转变就古论古作风，强化传统文化服务现实意识，创新文化研究的当代价值和社会影响力；转变囿于专业无视受众的传统研究方式，把宋文化研究置于古代经济社会发展高峰地位，并对其历史背景进行深度透视和细致梳理，以求与大众产生艺术共鸣、感情共享和思想共振。

准确把握宋韵文化的概念和工作思路

2020 年 9 月，袁家军书记在浙江文化研究工程实施十五周年座谈会上提出"大力推进宋韵文化传承发展"工作方针后，省市各级党委和文宣部门闻风而动。在近一年宋韵文化建设中，宋韵文化研究和建设工作明显加快，成果初步呈现，但也存在着"新瓶装旧酒""就文化谈文化"，囿于古代历史、缺乏现代转化的情况。这些情况已制约到下一步文化建设精品力作的产生。提升对省委"宋韵文化"概念内涵及其深意的理解，对于下一步完善工作思路和提高项目建设品质，十分关键。

一、宋韵文化的内涵和立意

宋韵文化这一概念建立在对宋代社会经济文化辉煌成就的认定提炼上，彰显的是宋代的历史地位。"宋韵"和"文化"是两个词："宋韵"特指宋代经济、文化、科技、社会发展在中国历史上达到的高峰地位和辉煌韵味；"文化"则是指作为上层建筑其反映和反作用"宋韵"的盛况、机理及其对于今天的启示和借鉴。

宋韵文化这一新概念的核心价值在于提出了对待宋代文明三方面的认知思路和工作着力点：立足于对宋代经济社会辉煌发展的认知基础；着眼于表现和推动宋代发展的文化成就挖掘；再造源自宋代发展和文化辉煌的时代价值。

宋韵文化传承发展的新理念，在于引导管理者和研究者把工作思路向省委对文化工作的新立意——重视文化建设的"历史根基"和"现代功能"提升。具体有以下三方面：第一，转变就文谈文现象，挖掘和提炼历史文化中的优秀内涵，提高文化研究的社会品位和艺术魅力；第二，转变就古论古作风，强化传统文化服务现实的意识，努力提高文化研究的当代价值和社会影响力；第三，解决资源分散问题，更加重视文化工程的规划、引导和重点项目扶持，提高文化建设的总体效能和精品力作数量。

二、对宋韵文化的误读和其诱发的一些问题

宋韵文化概念提出后，在管理层和学术界实际存在着两种误读。

第一种，把宋韵文化理解成"宋文化"。这种理解在潜意识里认为，文化这东西本身就是魅力强、韵味足的，因此有意无意地把"宋韵文化"理解成了"宋文化"，自觉不自觉地把"宋文化研究"当作"宋韵文化研究"了。一些地方，笼统地把过去宋文化的研究都当作对宋韵文化的研究了。

第二种，把宋韵文化理解成"宋文化的韵味"。认为既然

宋韵文化四个字落脚在"文化"上，宋韵文化就是要研究"宋代文化的韵味"。于是宋代的诗词歌赋、戏曲曲艺、工艺风物、民风民俗、建筑艺术的主要成就、艺术魅力等，成为研究的全部内容。

上述两种认知上的误解，诱发出一些实践中的问题。

第一，忽略了省委提出的宋韵之"韵"对宋韵文化研究新目标、新使命的要求。宋文化研究其实已有多年，过去的研究也积累了一些有益成果。但省委领导新提出的"宋韵文化"概念，包含了一个鲜明主题：宋韵之"韵"。具体而言，是指宋代经济文化发展的历史风韵和现代余韵。宋韵文化研究，就是要把宋文化研究与宋代经济社会的辉煌地位、对今天浙江发展的支持带动作用相联系。单纯的宋文化研究，往前说没有把研究建立在对宋代生产方式和社会形态分析的基础上，往后说没有把研究立足古为今用、服务当代的目标，那样就很难真正实现省委宋韵文化建设的新目标、新使命了。

第二，导致一些文化建设项目和活动质量不高、"韵味"不足。由于对宋韵文化工程的新目标、新要求理解不到位，一些地方的文化建设工作出现了以下一些情况：就史论史，新瓶装旧酒，把过去"宋文化"研究成果略做包装，冠以"宋韵文化"新标签交差；就文化谈文化，沉溺狭窄领域，对宋文化高峰地位的丰厚背景及其对后世中国的巨大影响缺乏思考，缺少分析；特别是在课程培训、书稿编撰、项目建设、文旅推介、新闻发布时，缺乏基本的古为今用意识，缺少必要的服务时代动能，导致一些文化建设项目泥古不化，难以活化，扬弃不够，转化不足，

〔宋〕马远《踏歌图》（故宫博物院藏）

变成了创作者纯粹的个人偏好和私人作品，降低了文化项目应有的时代气息和社会价值。

第三，如不尽早引导和调整，将制约省市宋韵文化工程精品力作的产生。时任省委书记袁家军在浙江文化研究工程实施十五周年座谈会上，对宋韵文化的有关研究工作特意告诫："特别要强调的是，文化研究工程是精品立世的重要抓手，要强化精品意识，拓宽研究领域，创新科研方法，重视宣传转化，推出更多体现浙江学术品质、学术风格、学术气派的硬核成果。"由于前些年我们对思想文化工作引导不力，挖掘历史文化背后当代价值的典型示范不够，文化研究工作中存在的醉心专业知识、轻慢背景挖掘、忽视思想内涵、漠视社会效益的问题，至今依然存在。如果不把宋文化研究置于宋代经济社会发展高峰地位并对其历史背景进行深度透视，不对宋代的典章制度、官商关系、民风民俗和社会生活进行细致梳理，不挖掘出宋代社会生活中那些表现、张扬乃至引领、推动经济社会的文化因子，不能让今天大众在接触宋代传统文化时产生艺术共鸣、思想共振和感情共享，我们的文化研究和项目建设，很可能只是提供一些"短平快"的东西。资金投下去，也会带来一时的热闹，但很难产生出有社会反响、有存世价值的艺术精品，"文化强省、提升浙江软实力"和"文化树人、引领社会新风尚"的历史使命，也就很难完成。

总之，"宋韵文化"不等于"宋文化韵"，前者是建立在对宋代经济社会发展基础上文化发展和作用的研究，后者缩小成了纯粹宋代文化自身魅力的研究（与经济社会、古今观照可以不做联系）；"宋韵文化"更不能简单化为"宋文化"，离开了宋代社会大背景，离开了文化转换新使命，单纯的宋文化研究可能重蹈以往沉溺资料、食古不化的研究老路，难以承担指导今天引领发展、塑造筋骨的文化建设大任。

三、宋韵文化理念对转变工作思路的新要求

宋韵文化不只是一个新概念，其中还包含着对宋文化研究和建设理念的重大转变：从单纯文化现象研究向同时重视文化现象的历史基础研究转变。与当年宋代经济社会发展辉煌地位和历史风韵相联系，才能使宋文化研究建立在对当时生产方式、社会形态、时代特征及其对人类社会贡献的丰厚基础上，从单纯的历史文化挖掘向同时重视历史文化的现代转换转变；与对今天浙江发展的文化余韵及支撑作用相联系，才能在谋划和推动文化建设项目时，始终不忘省委领导提出的"活化利用深厚文化积淀，进一步打开传统到现代的通道。……坚持古为今用、观古验今、古今合璧，推动传统文化扬弃继承、转化创新"的新文化使命。显然，按照这样的思路去规划、设计和落实宋韵文化建设，才能涵养文化产品的历史格局和时代张力，保证宋韵文化建设工作的品质和社会影响力。

转变宋韵文化传承发展理念，势必给文化工作的思路和目标带来新的要求：

——重视对宋代文化形成的政治环境、政策法规、地理交通条件、经济发展水平和人口社会优势等的研究分析。这是宋

文化研究的重要起点。

——重视对宋代政治体制（重文轻武、文官体制、科举选人、相对清明）、农业发展（官民水利、自耕农、半自耕农、"苏湖熟天下足"等）、手工业繁盛（纺织、印刷、酿酒、制瓷、造纸、造船等）、商业发达（交子、街市夜市、通商口岸等）、科技进步（印刷、罗盘、航海、大炮、深井、医药、工艺、农艺、天文）、文化繁荣（散文、戏曲、杂技、音乐、诗歌、小说、绘画、书法、理学等）达到的高峰地位及其对中国和世界影响的分析研究。这是把握宋代之"韵"、描述"宋韵"文化现象和文化作用的重要基础。

——重视对体现并提升宋代经济社会发展高峰地位的宋文化的内涵外延、基本特色、主要成就及其对中国和世界影响的研究。

——重视对体现并提升宋代经济社会发展地位的宋文化中与"思想文化"（思想文化是所有文化中的核心文化）相关的名人、著作、创新性思想及其对中国和世界的影响研究。

——重视对宋代历史、风景、遗迹、文学、艺术、工艺、风俗、起居、名人、制度中蕴含的精神特质和审美品位的研究。

——重视对宋代历史、风景、建筑、文学、艺术、工艺、风俗、起居、名人、制度中蕴含的当代价值和创造性转化、创新性发展的研究。

——重视如何从上述思想文化、审美品位等研究中，学习提炼为当今实体文化（场馆建设、街区改造、城市更新、乡村提升等）和思想文化（新闻出版、媒体舆论、教育培训、文化

〔宋〕佚名《杂剧打花鼓图》（故宫博物院藏）

活动等）提供借鉴参考、传承文脉、美化生活、塑造精神的方式与方法。

　　——重视在吸收宋韵文化研究成果基础上，实现实体文化和思想文化大发展、大繁荣的具体思路、项目、活动、方法、机制等的推陈出新。

　　——重视多渠道实施 IP 形象的培育，通过公开招标、创意竞赛等形式发动社会力量，利用漫画造型、3D 造型对宋韵文化胜景、历史名人资源和传统工艺与民俗等进行时尚化演绎，通过生活化、场景化、体验化等手段以及网络直播、赛事活动、综艺活动等渠道，争取粉丝和 IP 追随者，培育特征鲜明的 IP 形象和实现 IP 价值变现。

　　——重视研究国外不同受众的文化传统、价值取向和接受心理，提高宋韵文化产品对外文化交流内容的说明性和精准度，并通过对海外受众的持续追踪调研，准确把脉外国朋友对宋韵文化的认知度和需求度，持续提升宋韵文化的国际传播能力。

宋韵文化概念内涵试析

宋韵文化概念提出已有四年，这个概念的使用也已非常普遍。但从学界到政府再到民间，人们对这一"流行"概念的理解还相去很远，因此影响了学术交流、文化建设的质量和民众对宋韵文化的思想认同。本文尝试对这一概念的理解做一点分析，求教于各位专家。

一、宋韵文化概念溯源

任何语词概念，都是社会生活的反映。宋韵文化这一概念，是在历史演进中逐渐丰富、在经济发展中引起社会关注、在学者研究中得到领导重视、在工作推进中被人们逐渐接受的新概念。考察这一概念的提出背景，可以从三个方面溯源。

一是历代文人的贡献。中国古代文人素有琴棋书画剑、诗歌茶酒花的偏好，与之相关的艺术作品充盈于世。其中涵盖着丰富的文化元素，代表了中国传统文化中的和谐关系和雅致生活。在《说文》里，"韵"训为"和"，即谐音。曹植《白鹤赋》中说"聆雅琴之清韵"，嵇康《琴赋》也说"改韵易调，奇弄

吟徵調高窻下桐
松間疑有入松風
仰窺低審含情客
以聽無絃一弄中
臣京謹題

聽琴圖

〔宋〕趙佶《聽琴圖》（故宮博物院藏）

乃发"。这些"韵"指的都是音乐的律动。梁简文帝在《劝医论》中,首次把音乐的"韵"引入了诗歌美学:"又若为诗,则多须见意……皆须寓目,详其去取,然后丽辞方吐,逸韵乃生。"这番话点出了诗歌中诵读谐音和艺术趣味之"韵"与音乐的绕梁三日回味无穷之"韵",在感官上有相通之处。此外,谈到书法风格时,一直有魏晋尚"韵"、唐代尚"法"、宋代尚"意"的说法。所谓书法之"韵",大体是指超乎书法具体的点画形态、体现技法和灵魂契合的风骨与精神。而南北朝时期的谢赫在《古画品录》中,则把"气韵生动"作为绘画六法的首要目标和最高境界。到了唐宋时期,随着经济文化的繁荣、南北交流的增进,文人墨客普遍开始用"韵"来评论诗、书、画等,"韵"逐渐成为艺术领域审美批评的时尚标准。此后随着经济、政治、文化、艺术等的进一步发展,"韵"除了从其本意引申出来的押韵、韵文、韵白、琴韵悠扬等含义外,也同时延伸到了对人的评价如"风韵犹存"、对事物的描述如"气韵生动"、对社会生活的形容如"建筑的韵律""时代的风韵"等等。

二是现代发展的需求。浙江省作为中国改革开放先行地之一,其发展轨迹呈现出鲜明的市场取向改革、民营经济繁荣、创新驱动特质、开放型经济特征、经济快速增长和人民生活水平显著提升等一系列领先趋势。但与此同时,先富带共富的问题、物质富裕后的精神富有问题,也越来越成为"成长中的烦恼"。早在21世纪之初,浙江就在文化建设规划、历史文化保护、文化资源利用等方面开始发力。只是比之中原文化、京城文化和邻近的海派文化,浙江文化的优势和着力点在哪里一直处在探索之中。随着实践和研究的逐渐深入，人们发现，吴越国时期"善事中国""纳土归宋"带来的区域发展、北宋时期作为"东南第一州"所在地浙江的繁荣、南宋时期作为朝廷政治文化中心浙江的地位，其中蕴含着精工细作、经世致用、农商并举、开放包容以及亲近山水、理性平和、敬上接下、善于融通等文化精神特质。这些精神特质不仅是今日浙江精神形成的深厚历史根源，也成为当代的文化富矿，需要进一步挖掘、丰富和适应时代条件创造性转化。在此背景下，浙江的宋学研究中心、南宋历史文化研究中心、南宋史研究中心、南宋文化研究院等机构纷纷成立，并不断推出研究成果。

三是浙江省委的提炼。在官方和民间研究机构成果不断发布、学者撰写内参、内部多次座谈的基础上，2020 年 9 月，浙江省委书记袁家军在全省文化研究工程实施十五周年座谈会上，首次官方提出了"宋韵文化"这一概念。2021 年 8 月，浙江省委文化工作会议正式提出了实施"宋韵文化传世工程"的部署，强调"让千年宋韵在新时代'流动'起来、'传承'下去"。

二、决定宋韵文化概念的几个背景性因素

从对宋韵文化概念的溯源中不难看出，"韵"这一概念经历了从本义"音调和谐"到引申义"感官愉悦"，再到延展义"形容人、事、物乃至社会生活和顺美妙"的发展过程。而"韵"与朝代"宋"相连，再后缀"文化"形成的宋韵文化概念，已经跳出了原先"文论"术语的本义。有以下几点背景值得注意。

〔宋〕范宽《溪山行旅图》(台北故宫博物院藏)

第一，两宋基本历史背景和底色。宋代（960—1279）是中国历史上政治、经济、文化和科技都发展较快的时期。特别是南宋时期，今天的浙江省会杭州成为朝廷政治、经济、文化的中心，赢得了独特的历史地位和文化影响力。

第二，宋代经济社会发展对文化推动作用巨大。宋代商品经济的发展和海外贸易的兴盛，为文化的繁荣提供了物质基础；市民生活的多样性、经济重心的南移以及南北、中外交往的增加，为文化多样性提供了土壤，形成了百业生辉的局面和丰富多彩的文艺形式；两宋时期各民族之间的交流、互动和彼此影响，共同创造了民族大融合下宋代文化的包容性和开放性特质；宋代的科技发明如活字印刷术、指南针等，对世界文明产生了重大影响，也对宋代文化发展产生了积极作用；宋代理学的兴盛，理学强调的理性与道德等，对后世产生了深远影响，推动了文化向更深层次的发展；宋代在文学、书画、戏曲、建筑等方面都有极高的成就，如苏轼、黄庭坚等人的诗词，《清明上河图》《千里江山图》《溪山行旅图》等绘画作品，成为千古流传的中华文化瑰宝。

第三，宋代文化成为传承与创新的示范。宋代文化在对前代文化继承和发展过程中，体现了一种在积淀和传承中转换创新的鲜明特征。这不仅反映在宋代人的建筑风格、生活习俗、风土人情、文学艺术方面，也突出体现在非实体文化的意识形态、思想观念和民俗民风方面，如宋代人比之前朝体现出来独特的对和平外交、敬上接下、简约生活等的偏好等等。这种在传承中转换创新的文化特质和价值观念，可以为现代社会提供值得思考借鉴的文化先例和精神指引，尤其是在对历史资源与待开发资源的关系、传统文化与现代生活的结合等问题的处理上。

第四，宋代文化具有三个鲜明特征。宋代经济社会和意识形态相关联，宋代文化体现出三个鲜明特征：一是"平民化、世俗化、人文化"的倾向。宋代文化高度繁荣，文学重心下移，市民文化大放异彩，雅俗兼备，多元融合，这反映了宋代社会结构的复杂性和文化形态的多元性。二是文化美学得到张扬。宋代文化进一步强调的"韵"的概念，不仅仅是艺术领域的审美标准，也是对文人精神风貌的引导。宋代文化审美融合了复古与创新、优雅与世俗，形成了独具特色的文化审美基调。宋人的审美风尚既是艺术的生活化，也是生活的艺术化，追求生活情趣和艺术境界的完美结合。三是价值观得到强化。对内追求和谐相处和对外不断受到外族侵扰的反差，区域面积缩小导致的资源紧缺和对外贸易需要的博大胸怀，使得宋代文化形成了较强的民族意识、爱国情怀、包容态度、创造精神和人文精神，这些都为中华文化的丰富发展做出了重要贡献。因此，理解宋代文化不能局限于杭州、浙江和历史上的宋代疆域，而需要从中华民族、中华文明的大视角出发，全时段、全地域地深入挖掘宋代文化的内涵和外延。

三、宋韵文化概念涉及的丰富内容

由于宋韵文化不是一个单纯的学术概念，其中蕴含了地方政府的政策引导和文化动员，因此宋韵文化这一新概念的提出，在于引导管理者和研究者把工作思路向对未来文化工作的新立意——重视文化建设的"历史根基"和"现代转换"上提升：转变就文谈文现象，挖掘和提炼历史文化中的优秀内涵，提高文化研究的社会品位和艺术魅力；转变就古论古方法，强化传统文化服务现实的意识，努力提高文化研究的当代价值和社会影响力。在这个意义上，在分析了宋韵文化概念的历史渊源、背景重点和政策动员等特征后，其概念的内涵，就可以理解为具有比较多元、丰富和服务现实的古今特征。可以从以下几方面来梳理思路。

第一，宋韵之"韵"的内涵是综合的，至少包含以下三层含义。

一是指宋代经济文化科技等综合发展的"历史风韵"——决定宋代发展高峰地位背后的政治制度、经济政策、人文环境和科技动力等内在因素。

二是指宋代经济文化在后世的"余响流韵"——包括南宋临安城（今杭州）成为中国政治、经济和文化中心后，为中国南北融合、中外交流提供了路径依赖；包括宋代体现在哲学、艺术、文学、工艺、科技、建筑、碑刻中的创造活力、生活情趣和审美品位，成为后世至今传颂、借鉴或追捧的目标；包括受宋代治国理政思想和典章制度影响，此后历代封建王朝的藩王几乎再未对中央政权构成强大威胁；还有宋代君臣、官民和官商关系中流行的仁义精神、平民意识和重商理念，成为后人称道、传颂和追求的理想目标；此外，宋代建立的覆盖鳏寡、孤独、残疾、乞丐、弃婴和贫困人口等的官民合作的福利救济体系，对后世中国慈善思想和公益实践影响深远；等等。

三是指宋代经济文化发展对当代社会的"转换遗韵"——就是要把宋文化的研究和传承，与宋代经济社会的辉煌地位、在后世的流传和影响、对今天浙江发展的支持带动作用相联系。小而言之，宋代百姓的衣食住行、生老病死、安居乐业中民风民俗和技术方法等，大而言之，影响乃至决定宋代发展的理论、政策、制度、法律、外交等。以上对宋代文化文明成果的研究，要在尊重历史、秉笔直书的前提下，努力使其对今天的执政能力提升和百姓生活改善起到有益启示与借鉴作用。单纯的宋文化学术研究，虽然也需要给予重视和扶持，但从宋韵文化研究的当代使命看，如果没有把研究建立在对宋代生产方式和社会形态分析的基础上，没有把研究立足于古为今用、服务当代的目标上，那就脱离省委、省政府宋韵文化工程建设的新目标、新使命了。

第二，宋韵文化的内涵是互补的，是一个三足鼎立、互为支撑的结构。

由于宋代有韵味、成标杆、久传颂的文化现象比较多，如果从建筑景观、历史遗迹、文学艺术、工艺技能、民风民俗、生活起居、名人大师、思想理论等等方面去搜寻，会不计其数和难以罗列。这也是目前一些地方对"宋韵文化"这个概念不知怎样把握，新概念成了"筐"，什么都往里面装的一个原因。

为了抓住要害、突出主干，也从文化定义的一般规律和宋代文化的突出成就分类，宋韵文化的内涵，呈现出器物文化、思想文化和制度文化三足鼎立、互为支撑的稳定结构：器物文化，是指宋代创造和建设的包括建筑物、食品、工艺品、文体器具、医药器材、交通工具、兵器战车等所有凝结着宋人智慧、可见可触的实体性物体；思想文化，是指融入宋代民风民俗、戏曲艺术、文学作品、医学著作、历史笔记以及各类理论思辨文章著述中的哲学思想、价值观念、道德规范、宗教信仰、专业学说及方法论认知等宋代精神成果的总和；制度文化，是指在宋代三百多年历史中，作用于政治、法律、道德、礼仪、婚姻、家庭、伦理、风俗等方方面面的典章制度、社会规则、族规家法以及一些不成文的行事规范等。要注意的是，虽然很多学者都接受"三分法"的文化分类方式，但一涉及对某一朝代文化内涵的分类，却习惯单纯从狭义的文化范畴甚至更窄的思想文化领域去提炼概括，导致文化概念头大身小、题文不符的疏漏。

第三，宋韵文化的精神内涵极其丰富，就其对当时和后世影响"荦荦大者"，大体包括以下八个方面。

中外历史反复证明，思想文化不仅是每个时代的文化精华，对后世的影响更为直接和长久，而且是决定每个时代整体文化的品位、走向和变革方向的核心内容。文化实体（剧院、场馆、文艺团体、教育机构、旅游景观等）是思想文化发挥作用的载体，同时又以思想文化的动情、感人、服人为灵魂；文化活动（展出、演出、培训、文旅休闲等）是思想文化释放能量的依托，同时又以思想文化的融入程度为质量和品位条件。而任何政策

决定，都是人们在一定观念指导下、某种环境氛围影响下、某种体制机制诱导下做出的文本性的东西。所有的制度规范，都融入了人们的思想、观念、情感、审美和思维方式，是思想观念形态的某种外化。因此，在重视看得见、摸得着的文化实体、文化活动作用的同时，需要注意的是，那些不太容易做到的思想融入、政策创新和制度规范等，不仅对看得见摸得着的文化实体和载体有制约作用，而且直接影响到城市其他方方面面的发展。

由于宋韵文化中的思想文化，也具有"看不见摸不着"的一般特征，容易被人忽略和误解，因此有必要专题分类和分析——

一是生活哲学的审美情趣。宋代美学精神的内容，突出体现在以下几个方面：宋代的瓷器、山水画、花鸟画等艺术形式展现了超越时代的审美情趣，这些艺术作品不仅在技法上达到了高峰，而且在审美上也具有深远的跨时代影响。宋代对文化、艺术、思想的宽容态度，对知识群体的尊重，对民间社会的开放，

〔宋〕赵佶《池塘秋晚图》（台北故宫博物院藏）

都成为宋代美学精神的重要组成部分；宋代理学融合了儒家、
道家和佛家的思想，这种思想融合在艺术创作中也得到了体现，
如宋代美学强调的是一种简约、自然之美，追求形式上的简洁
和内在的丰富，反对过度的装饰和繁复，这种美的追求还体现
在治国之道、瓷器制作以及绘画艺术等多个方面；宋代美学倾
向于内敛的情感表达，不追求外在的强烈情感宣泄，而是通过
细腻的笔触传达深远的意境；在宋代美学中，"韵"是一个非
常重要的概念，它代表了艺术作品的一种审美境界；宋代的美
学不仅仅是高雅的，同时也包含了通俗的一面，这与当时商品
经济和城市生活的迅速发展有关；宋代美学不仅仅局限于艺术
创作，还渗透到了日常生活的方方面面，如园林建筑、家具设
计等，体现了一种生活美学；宋代美学具有强烈的人文精神，
以及至纯至雅的独特风貌，成就了中国传统审美的文化之源。
可以看出，宋代美学精神不局限于艺术作品本身，更是一种文
化心态和生活哲学的体现。宋代是中国美学史上的一个重要时
期，对后世产生了深远影响，至今仍被广泛研究和借鉴。

二是经世致用的理学思想。宋代是中国历史上哲学思想发展极为重要的时期。宋代环境相对宽松，学术氛围自由活泼，不同的思想学说相互交流、辩论的空间较大。作为儒学发展的新形态，宋代理学以"理"或"天理"为最高哲学范畴，强调宇宙万物的本源和秩序，以及人与自然、社会的和谐，并对儒家经典的知识版图进行了重新改写，形成了近现代新儒学的文化资源；宋代理学与政治哲学紧密相连，理学家们认为通过修身齐家治国平天下，可以达到社会和谐和政治理想；宋代的儒学、佛教和道教相互影响，理学家们通过"援道入儒""援佛入儒"的方式，促成了会通三教的学术氛围和三教融合的社会局面；与此同时，宋代儒学家勇于疑经，批判佛老，推动了传统学术思想形态的演变，形成了不同的思想派系，如程朱理学、陆九渊的心学等，这些学派在哲学本体论、认识论等方面各有侧重，体现了理学发展的内在逻辑；此外，宋代理学体系恢宏，探讨的主题范围广泛，包括哲学、伦理、政治等多个领域；宋代理学家注重经典阐释，以实现圣人的精神境界为人生终极目标，同时强调道德实践和经世致用。以上这些特征，共同构成了宋代哲学思想的独特风貌。

三是兼收并蓄的科学精神。宋代儒学强调"格物致知"，注重学术的社会功能，积极参与社会改造，体现了科学精神与社会责任的结合，加上朱熹等理学家对自然现象的关注和分析体现了对客观世界的探索精神，这些都成为对科学技术重视和推崇的思想力量；宋代学术界多元开放、兼收并蓄的氛围，不同学术流派互相赏识和宽容，促进了研究和技术的创造性发展；

文化下沉，教育普及，形成了钻研探索知识的社会氛围和求知求真的科学精神，推动了科技成就的显著发展，火药、指南针、印刷术的发明对世界产生了深远影响；在天文、历法、数学等基础科学领域，宋代也取得了显著的成就，如对新星和超新星的观测，以及对哈雷彗星的记录，为后世的天文学研究提供了珍贵资料；宋代的农业科技、冶金技术、丝瓷工艺、航海技术、医学药学等领域的应用技术也取得了重要进展，推动了社会效率和民生质量的提高。这些情况共同孕育了宋代科学精神的丰富内涵。

四是奋不顾身的爱国情怀。宋代面临着来自辽、金、元等周边民族政权的威胁，在抵御外敌、保家卫国的抗争中，宋代的爱国主义精神得到了成长和弘扬。宋代许多的文臣武将表现出了对国家的忠诚和报国之志，岳飞是其中的代表人物。他一生四次从军，北伐抗金，收复失地，展现了强烈的爱国主义精神；宋代士大夫阶层心忧天下，敢谏敢为，范仲淹《岳阳楼记》中"先天下之忧而忧，后天下之乐而乐"的思想，集中体现了他们对国家和人民的深切关爱；宋代文人通过诗词、散文等文体形式，表达并传扬出爱国主义的信仰和追求。岳飞的《满江红》、文天祥的《过零丁洋》、陆游的《示儿》等，表达了对国家前途的担忧和对民族命运的关切；尤其是面对金、元等的威胁，宋朝军民进行了长期艰苦卓绝的抵抗斗争，展现出了顽强不息的御敌气概，涌现出岳飞、韩世忠、文天祥、陈文龙等许多爱国志士；宋代文人士大夫不仅关心国家的政治和军事，也关注民生和社会问题，他们通过积极进谏、完善政策、打击豪绅、为

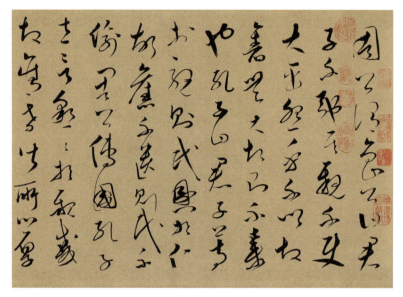

〔宋〕文天祥《谢昌元座右自警辞》（局部）（中国国家博物馆藏）

民解难等多重途径，释放他们爱国爱民的家国情怀；等等。宋代的爱国主义精神，不仅在当时起到了激励人们保家卫国的作用，也塑造了宋代独特的社会精神风貌，对后世产生了深远的影响，成为中华民族精神文化的重要组成部分。

五是包容开放的集体性格。浙江历史上经历了"永嘉之乱，衣冠南渡""安史之乱，流民南移""靖康之变，宋廷南迁"三次北方人口的大迁移。而随着隋唐以后浙江造船技术的提高，以及北方少数民族的崛起，海路贸易逐步取代陆路成为中外交往的主通道。加上吴越国定都杭州后，保境安民，发展生产，重视水利工程建设，为海外航线创造了优良条件。两宋时期，杭州成为中国对外通商的重要港口，其中，南宋时期进一步发

展了与外国政府间的交聘、朝贡、互访，以及商人、僧侣等的
互访和丝绸、茶叶、瓷器等商品贸易。为了吸引外商贸易，南
宋政府在杭州建设了大量官驿和贸易仓库，如怀远驿、仁和馆、
邮亭驿等，给外商提供生活上的方便。外商到达杭州时，市舶
司以"伎乐"（专业的音乐舞蹈表演）为他们接风洗尘，并准
许他们坐轿乘马，当地主要官员出面亲切会见。还专设巡检司，
护送中外商人出海，奉送酒食和设宴钱行。外商失踪或死亡，
中央政府责令市舶官员清点保管财物，等待家属前来认领。像
中国商人在外国有类似"唐人街"的地区一样，外商常年在杭
州居住的地方叫作"蕃坊"，从西亚来的叙利亚人、波斯人、
阿拉伯人中的富商大款，在凤凰山附近都拥有豪宅，以住在世
界经济强国的首都为荣。杭州乃至浙江自古以来，接待过马可·波
罗、鄂多立克、马黎诺里、金尼阁、卫匡国等欧洲旅行家、传
教士学者，以及俊芿、圆尔辨圆、南浦绍明等日本僧人。杭州
灵隐寺是东晋年间西印度僧人慧理创建，凤凰寺由伊斯兰教徒
阿老丁在元代重建，径山寺是日本茶道的起源地……古代杭州，
先后走出了谢国明、戴笠、陈元斌、林净因等一大批漂洋过海
在东南亚传播中国经济文化的使者。由于见多识广，乐于交往，
浙江人对不同观点、别样生活的包容度也自然提高，不愿凡事
争个你低我高，比较尊重自我感受，形成了包容开放的处事风格。

六是华夏认同的民族意识。宋朝时期的民族融合达到了一
个新的高度。在政治上，宋代采取中央集权制度，吸纳少数民
族人员参与国家治理，这体现了一种政治上的民族融合。贸易
往来和经济互动，有助于不同民族之间的相互理解，推动了民

族间的交流与融合。宋朝在和辽、金、西夏等民族政权的冲突与和平时期，通过各种途径推进了相互间的交流与融合，宋朝与各民族政权在文化上相互学习与借鉴。宋代的文学艺术、建筑艺术、宗教信仰与哲学思想等不同程度受到了其他民族的影响，促进了民族精神的丰富和发展，丰富了中华文化的内涵与外延。宋朝境内民族主义在政治领域的突出表现，是重新高扬"尊王攘夷"的大纛，并注入新内涵，这与北方民族政权的环伺紧逼有关，因此促成了民族自信、文化一统和体现出一种民族精神的强化等。这些都反映了基于华夏认同的民族和睦、四海一家的民族融合精神，体现了多民族融合与统一多民族国家的历史文化特性。

七是民本民生的治国方略。宋代外敌环伺、君臣共治、反对空谈、科举制改革、平民子弟入仕等多重因素，使得朝野上下重视民意、了解民情和关注民生。宋廷回应民意需求，扎扎实实制定施行了农商并举、开放夜市、租房补贴、照顾孕妇、提供义诊、收养弃婴和帮助穷孩子上学、提供灾民食宿安排、设"常平仓"救济贫民、为鳏寡孤独提供生活条件等惠民政策，使民众得到了实惠；各级官员尽心为民，恪守职责，历代官员疏通西湖和六井、苏轼创建安济坊、郑兴裔义庄行善、余杭设常平米仓等等都是广为传颂的事迹。这一切实实在在提高了国家在民众心目中的威信，也为忠君爱国思想的传播奠定了物质和思想基础。

八是君臣共治的执政理念。作为宋代"祖宗家法"的创始者，赵匡胤吸取五代十国教训，是宋代君臣共治局面的第一推手。

尽管他英年早逝，而且此后宋朝再没出现像宋太祖这样雄才大略的君主，但宋代能延续三百多年，成为中国封建王朝发展的一个高峰，得益于皇帝虚心求教和文臣地位的抬升，归因于奏章台谏渠道的畅通和士大夫阶层尽责谏言不怕丢官气节的发扬，同时也要归功于士大夫对"祖宗家法"作用的清醒认知和持续的挺身维护。君臣共治的治理环境，对于最大限度发挥集体智慧、避免把国家前途系于个人能力之上，对于避免由于个人好恶等特殊情况带来治国方略的摇摆，都起到了至关重要的作用，体现了宋代皇帝和大臣们的政治智慧。

四、宋韵文化概念表述

在以上历史溯源、背景因素、丰富内容等的分析基础上，宋韵文化这一概念的简要表述，可提炼如下——

宋韵文化，是经历了历代文人关注、浙江发展需要和浙江领导提炼等过程而产生的一个崭新概念。这一概念，建立在对宋代发展的历史背景、高峰地位对文化的推动作用、宋代文化特征的分析基础之上。其核心内涵，是指宋代经济文化科技等综合发展的"历史风韵"、宋代辉煌成就在后世的"余响流韵"和宋代发展经验与成就对当代社会的"转换遗韵"。其内涵结构包含了宋代创造和建设的实体性器物文化、融入宋代各类实体文化中的思想文化、作用于宋代方方面面的典章制度和社会规则的制度文化。其精神文化内涵，主要涵盖了生活哲学的审美情趣、经世致用的理学思想、兼收并蓄的科学精神、奋不顾身的爱国情怀、包容开放的集体性格、华夏认同的民族意识、民本民生的治国方略和君臣共治的执政理念等。

宋韵文化研究建设中的若干问题

　　浙江省委提出实施"宋韵文化传世工程"和"大力推进宋韵文化传承发展"工作方针后，全省各地相继研究或提出了本地的实施方案，宋韵文化研究和建设工作开始加快。打造以宋韵文化为代表的浙江历史文化金名片，对于培育具有中国气派和浙江辨识度的文化标识，是一个新的起点和文化发展机遇。

　　学习省委实施"宋韵文化传世工程"的文件精神，笔者体会："宋韵文化"的新理念，与省委"把文化的力量融入经济社会发展之中"的要求，与"活化利用深厚文化积淀，进一步打开传统到现代的通道"的要求，与"深入挖掘浙江历史典故、历史事迹背后的当代价值"的要求，有很强的内在关联。然而，由于"宋韵文化传世工程"提出的时间不长，也由于我国人文教育方式局限和以往研究惯性的存在，加上各地各部门之间相互通气不够，目前宋韵文化研究和建设实践中，有一些问题值得关注。

一、目前宋韵文化研究和建设中的几个问题

第一，重视了对宋代物质和精神成果的内容介绍，但对宋代文化的个性特征，如书法中的尚意气息、绘画中的写意风格、瓷器中的极简主义、戏曲中的民情民意等，特别是决定这些特征形成的历史背景和社会意义分析展示很少，将这些文化特征与宋代的治理观念、审美理念、精神特质和生活态度关联起来分析的，更是少之又少。宋代文明成果已成历史，可以给人一种老祖宗"当时先进"的过往豪情，而昔日的光彩对于已走向现代文明的人们，有怎样的借鉴意义？为什么说是一种思想遗产和精神财富？由于思考不够，展示不足，缺乏对以往历史与现代社会传承关系的挖掘与分析，很多研究和建设显得与今天的经济社会关联度不大，很难引起年轻消费者的真正兴趣。

第二，重视了对宋代瓷玉石、丝绸绣、井桥塘、诗词赋等文化实体的直观描述和非遗保护，但对其背后蕴含的时代背景、发展阶段、典章制度、审美情趣、工匠精神等的分析和研究，相对还比较薄弱。比如在欣赏官窑瓷器之美时，比较多地停留在对宋瓷色彩、工艺和造型的直观描述和高度赞叹，但宋瓷的色彩为什么只是白、青、黑、青白四种，并且造型简洁、釉色单纯、朴实无华、优雅端庄，以至于和唐代瓷器大红大绿的色彩、精美繁复的造型形成鲜明对比？由于缺乏结合唐末和五代时期国家混乱、民不聊生的历史背景分析，没有联系宋代建立初期根基薄弱、有敬畏之心的阶段特征，以及宋初创制的"祖宗家法"，因此对宋瓷包括许多文化现象的理解，就只能停留在表层描述

上，很难引导读者透过对瓷器及相关文化现象的观赏，去思考宋代社会人们的精神世界、治国理念和社会基本特征。

第三，重视了对南宋"合议"带来的和平环境给南方经济社会发展作用的肯定，与此相关也重视了对南宋经济文化高峰地位的褒扬。但相形之下，也出现了两个偏向。一是对南宋时期形成的对后世中国影响极大的爱国主义精神和英雄主义气节，显得关注不够，热情不高，对岳飞、韩世忠、文天祥、章惇、虞允文等爱国将领和士大夫身上的家国情怀、云水襟怀，缺乏深度挖掘和传播热情，这成为当前宋韵文化研究和建设中的一个突出短板；二是不加分析地对南宋朝廷过度颂扬，回避甚至遮掩南宋朝廷偏安一隅、纸醉金迷的生活，回避或无视北方地区的民生凋敝和生活苦难，这不仅有违历史唯物主义的原则，也与歌颂岳飞、文天祥爱国主义精神的宣传背道而驰、逻辑相违了。

第四，重视了对南宋文化在浙江各地的普查梳理及研究建设，但联系历史上的北宋、西夏、辽、金、东南亚诸国与南宋的各种交往不够，在强调南宋文化对其他国家"辐射作用"的同时，很少谈及他国对南宋文化也产生"一定影响"的实际。实际上，南宋时期的经济文化发展，不仅得益于北宋打下的经济和制度基础，还受益于与西夏、辽、金、东南亚、阿拉伯半岛诸国交往中得到的贸易、文化和政治利益。既然宋代对外贸易交往占到很大比重，朝廷专设了市舶司管理对外贸易、在杭州等地设"蕃坊"为外国商人提供居住专区，这种交流就必然是双向的，而不可能只是单向输出。中华文化自古以来是开放

〔宋〕陆仲渊《罗汉图》（日本京都常照皇寺藏）

包容的，仅宋元时代的瓷器而言，在原料、器型、纹样和宗教等诸方面，就受到阿拉伯、波斯等外国文化的直接影响，这反映了古代中国人既影响他国也学习他国的包容文化特征。正是在善于学习、大胆借鉴中，宋代文明才有了更加厚实多彩的光辉。

二、上述问题的生成原因

以上问题在很多地方还没有被当成问题来看待，人们习见不以为非。在打造以宋韵文化为代表的"浙江历史文化金名片"的今天，正视问题并认清其成因、危害，是解决问题的认识前提。

首先，重史轻论、埋头实证的研究方式，导致一些学者把研究看成纯粹个人"专业"的事情，理论思考、价值转换意识不足。我国史学界曾经长期存在重史料轻理论、忽视重大问题研究的倾向；加上分工过细，对相关社会科学研究的方法和工具不熟悉，导致很多学者不善触类旁通，对超出本人研究范围的文化领域了解不多，对项目的当代价值和创造性转化的意识不强。改革开放之初，史学界反思"文革"史学问题时，选择了考据学家或史料派的方式取代之，在 20 世纪后期完成了从关注政治理论到埋首实证研究的学风转换。处理历史与现实关系矫枉过正，很多学者规避现实，埋头史料，追求希望"永恒"的史学研究方法，导致旧史家"重史轻论"、缺乏跨界思考的习气重新抬头。

其次，对"宋韵文化"概念缺乏全面思考和科学把握，导致出现理解误区。宋代是中国封建社会的繁盛时期，带动了文学艺术、学术思想、教育科学、宗教传播等宋文化的灿烂辉煌；宋文化的突出成就和重大影响，又对宋以后的中国历史发挥了支撑和带动作用；经过创造性发展创新性转化，宋文化对当代经济社会发展也将发挥出支持和推动作用。宋韵文化这一新概念，给我们提出了对待宋代文明三方面的认知思路和工作着力点：立足对宋代经济社会辉煌发展"历史风韵"（历史背景）的认知基础，着眼表现和带动宋代发展"文化神韵"（文化成就）的挖掘整理，转化源自宋代发展和灿烂文化"历史余韵"（时代价值）的创造创新。但由于学术界和管理层对这个新概念还缺乏统一认识，实践中出现了理解误区：一是把宋韵文化理解成"宋文化"，一些地方把宋文化研究，笼统地看成宋韵文化研究。二是把宋韵文化理解成"宋文化的韵味"，把宋代的诗词歌赋、戏曲曲艺、工艺风物、民风民俗、建筑艺术的主要成就、艺术魅力等，当成为研究的全部内容。以上两种理解上的误区，使得缺乏挖掘历史根源、不善转化时代价值的问题更加突出。

再次，宋韵文化研究和建设在行政推进不断加强的同时，各地对前期业务指导及存在问题的研判不够，存在一定程度上"八仙过海各显神通"的现象。尽管对"重史轻论""埋头实证"研究方法的调适以及对宋韵文化概念认识的统一，都需要有一个充分实践、积累经验的过程，但现在的问题不是什么时候解决上述问题，而是有没有意识到和开始正视、解决上述问题。由于我省文化工作面临的任务很重，要做的事情很多，而关系研究的思路和方法问题，涉及一系列研究理念、思想沟通工作，总体看，这方面的工作是薄弱的：研究和建设中存在的上述问题，还没有引起管理者和研究者的注意，当然也就不会得出有效的办法推动问题的缓解或解决。加上行政推动方式，本身容易使一些干部出现重实体文化（所谓"看得见、摸得着、叫得响"）轻思想文化、重短期轰动效应轻长期扎实工作的倾向，上述问题又需要深入、细致和持续的引导工作，非一日之功，因此更增加了引起重视的难度。

三、上述问题给实际工作带来的危害

研究和建设上存在的上述问题，虽然是个方法问题，但给宋韵文化工作实践带来的危害，十分突出。

第一，对省委关于宋韵之"韵"的文化建设新目标、新使命理解不透，方向不明。我省宋文化研究其实由来已久，已经活跃着一些研究团体和机构，过去的研究也积累了不少有益成果。但省委领导新提出的宋韵文化概念，包含了一个鲜明主题：宋韵之"韵"的研究和建设，是要把宋文化研究建设与当年宋代文化辉煌地位的深刻背景原因、对今天浙江发展的当代作用相联系。而以往单纯的宋文化研究，往前说没有建立在对宋代生产方式和典章制度分析基础上，往后说没有立足于古为今用、服务当代的目标上，那样就很难真正实现省委宋韵文化建设的新目标、新使命了。

第二，导致目前宋韵文化研究缺乏扎实基础和前瞻思考，"短平快"项目多，精品力作产生较难。实体文化与精神文化、描述历史与服务现代相比，前者重在挖掘，后者重在创新；前者重在真实，后者重在"结合"；前者不容易，后者更加难。但如果不把宋文化研究置于当时经济社会背景下进行深度透视，不对宋代的典章制度、官商关系、民风民俗和社会生活进行关联性梳理，不挖掘出宋代社会生活中那些表现、张扬乃至推动经济社会发展的文化因子，就很难创作出有社会反响、留存世价值的艺术精品，"文化强省、提升浙江软实力"和"文化树人、引领社会新风尚"的历史使命，也就很难完成。

第三，导致宋韵文化与现代文明发展的文脉贯通受阻，传续不足。只要摆脱"就文化谈文化"的狭窄思路，把宋代文化放到当时历史背景和现代需求的方向去考量，其实可以发现很多对传承宋代文化有启迪、有赓续的内在机理。比如，如果不处理好宋代对外来文化既辐射影响又交流借鉴的关系，一味强调对外的影响力，就会带来以下问题：一是容易给人"古人厉害""今不如昔"的感觉；二是与中央强调的中外文化要互鉴互谅的精神发生偏离；三是也不符合宋代中外文化交流互鉴的客观事实。再比如，今人对宋代士大夫的英雄气节、云水襟怀称羡不已，却又似乎不知在那样一个封建时代，怎样造就了这一大批有气节的士大夫？只要考察宋代典章制度里的两个重大变革，就能多少知晓一些其中原委：首先，宋代科举制不同于隋唐，实行不问家庭背景、三级考试（乡试、省试和殿试）、提高考试严密化程度（试卷"糊名"、考官回避和为防识卷请专人将试卷"誊录"）等，使得来自基层普通家庭子弟的机会大大增加，三代无官的平民家庭子弟进入仕途的人才很多（如

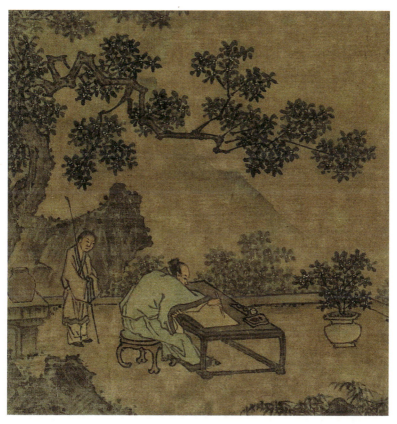

〔宋〕佚名《香林挥翰图》（台北故宫博物院藏）

文天祥、范仲淹、欧阳修等都是平民家庭出身），这就为经历过艰难、对底层民众疾苦感同身受的人才出仕提供了晋升通道。其次，宋代皇帝多打造自己善于纳谏的形象，"祖宗以来，未尝杀士人"，为士大夫尽忠报国创造了宽松的政治环境。加上宋代通过改革建立了强大的"台谏制"（御史台和谏院），"掌纠绳内外百官奸匿，以肃正朝廷纲纪，大事则廷辩，小事则纠弹"，

且台、谏长官由皇帝亲自任命（宋以前台谏官一般由宰辅选拔），
这又为士大夫直言提供了组织保证。现在一些人对宋代士大夫
的忠君报国虽然佩服，但又感觉无法理解，甚至觉得"学不了"，
因为不联系上述那些历史背景，就无法理解宋代产生众多同情
百姓、忠君爱国的志士仁人的深刻原因，自然也就不会产生传
承什么、借鉴哪些的现实思考。那样的话，我们介绍宋代士大
夫的英武气节，就会变成只是流于表面的欣赏夸赞，并不准备
借鉴和学习，那还有什么时代价值和现实意义呢？

　　第四，导致就史论史、新瓶装旧酒和就文化谈文化、沉溺
狭窄领域，缺少必要的服务时代动能，导致一些文化建设项目
泥古不化。由于对宋韵文化工程的新目标、新要求理解不到位，
一些地方的文化建设工作出现了新瓶装旧酒，把过去"宋文化"
研究成果略做包装，冠以"宋韵文化"新标签交差，以及对宋
文化高峰地位的丰厚背景及其对后世中国的巨大影响缺乏思考
和分析的情况，降低了文化项目应有的时代气息和社会价值，
建设项目和活动质量"韵味"不足，干部、群众对研究和建设
中的某些"宋韵文化"不甚了了、不以为然，甚至提出批评。

四、提高我省宋韵文化研究和建设质量的若干建议

　　打造宋韵文化传世工程，是省委对浙江文化建设高度凝练、
影响长远的一项重大战略决策。宋韵文化不只是单纯的文化工
作，涉及面广，关系未来，但又受制痼疾，问题较多。特提出
政策建议如下。

第一，总结经验，提出进一步具体的工作指导意见。组织文史专家、社科专家和相关部门责任人，在深入学习省委文化工作会议文件精神的基础上，对宋韵文化的内涵、外延、研究建设中存在的问题和要注意的方法等进行坦诚、建设性的研讨、归纳和提炼。经过征求意见和修订完善，形成省委推动宋韵文化下一步工作的指导性意见：一是分析一个阶段以来的宋韵文化研究建设工作情况，肯定成绩；二是对宋韵文化的内涵、外延做出规定，对与之相关的工作思路提出具体要求；三是对研究建设中存在的问题、要注意的方法等做出分析和提出要求；四是对南宋偏安与客观上少于战事、朝廷主和与广大军民积极抗战、宋高宗杀岳飞与此后历代对岳飞等英雄忠烈都大力宣扬的事实，做出辩证的发展的历史观分析；五是引导鼓励史学界借鉴"跨学科""眼光向下""眼光向前"的研究方法，鼓励将社会学、心理学、经济学等社会科学的方法和工具引入史学，推动宋韵文化研究坚持以唯物史观为指导，在继续深入挖掘宋代经验和材料的基础上，通过高度凝练和辛勤耕耘，创作出与宋代文化高峰地位的形成背景、时代价值相关联的精品力作。

第二，协调力量，培育引导宋韵文化联系"历史风韵"和"时代余韵"的学术研究。转变宋韵文化传承发展理念，势必对文化工作的思路和目标带来新的要求。一是要重视对宋代文化形成的政治环境、政策法规、地理交通条件、经济发展水平和人口社会优势等的研究分析。二是重视对宋代政治体制、农业发展、手工业繁盛、商业发达、科技进步、文化繁荣达到的高峰地位及其对中国和世界影响的分析研究。三是重视对体现并提升宋代经济社会高峰地位的宋文化的内涵外延、基本特色、主要成就及其对中国和世界影响的研究。四是重视对体现并提升宋代经济社会地位的宋文化中与思想文化相关的名人、著作、创新性思想及其对中国和世界的影响研究。五是重视对宋代历史、风景、遗迹、文学、艺术、工艺、风俗、起居、名人、制度中蕴含的精神特质和审美品位的研究。总之要在解读宋文化高峰地位形成历史背景和特色魅力方面，在分析宋文化对今天社会物质和精神生活的传承价值及文化意义方面，通过专家座谈、课题研究和项目推动，形成若干有分量的论文、专著、媒体对话、视频访谈、现场体验等引导舆论的载体，并通过主流媒体和新兴媒体多种渠道，将上述成果向承担研究和建设任务的相关人员推送。

第三，在鼓励各地积极实践的同时，组建团队，对省市宋韵文化的研究项目和进度做出分析，对各地宋韵文化研究和建设的工作，提供电话、网络或面对面指导。一是整合调适一些城区和镇街在名人故里、名人轨迹、名人故居资源上的争抢和重复建设；二是推动不同类型文史专家在宋韵文化建设项目指导上的专业互补；三是调适已经上马的项目在题材、内容和形式上的"撞车"；四是发现各地建设中值得上级扶持和推动的重大题材，并提出提升、扶持和推进的建议。与此同时，可以通过短期培训，在学习省委相关文件精神的基础上，强化各位专家对宋韵文化概念的内涵、外延、研究方法以及要注意的问题等的理性认知，做好与各地宋韵文化建设工作思路的沟通。比如，集中一段时间调研各地工作开展情况，对研究和建设工作中存在的方法论问题提出完善建议；又如，对各地、各部门、各机构"千帆竞发"带来的选题重复、项目撞车、准备不足、质量不高等问题，提出完善建议；再如，在宋韵文化建设各领域涉及的资源收集整理、展示点建设、宋韵文化主题元素植入、体验活动策划等方面，给予指导等。

第四，及早着手，编撰适合青少年阅读的关于宋代浙江英烈的乡土教材，发放到全省中小学。宋代的浙江英雄辈出，特别是南宋的爱国主义、英雄主义精神，经过南宋及后世的传颂和爱国主义文学的影响，在中华文化中得到发扬光大，成为影响一代代中华儿女精神品格的强大文化基因。《宋史·忠义列传》共收录二百七十七名爱国志士，其中大部分是南宋人。如果说中华五千年文明史是一部波澜壮阔的英雄史诗，那么这首史诗的华彩乐章和激昂音符，就是在江南特别是杭州这片热土上高亢奏响并激越传扬出去的。为青少年编撰一本系统介绍宋代浙江英烈的教材，既有教育下一代的必要，也有为宋韵文化研究建设搭建精神家园的意义。教材既要在抗金英雄岳飞、一代名将韩世忠、报国忠臣文天祥、抗元名将陈文龙、殉国丞相陆秀夫等身上浓墨重彩，也要对宋代特别是南宋普通百姓、仁人志士高度重视，比如南宋建炎三年（1129）十二月，钱塘朱跸亲率军民抗击金军，战死前线。宋军败北消息传到杭城，城中军民无人弃城而逃，两名尉曹（低级军官）金胜、祝威挺身而出，组织人马在城北沼泽地编竹覆泥伪装成路，使盔甲沉重的金人连人带马陷入泥沼之中，金军大骇，急忙退兵。再如因不满当朝权相秦桧误国偏安，殿前司后军小校施全在杭州众安桥挥刀

行刺秦桧，被抓后磔死于市。

第五，邀请专家，有效扶持，推出展示浙江和杭州千年魅力的大型山水诗画舞剧《西湖十景》。目前国内各个历史古都都在开发地方文化特色节目，已有多城实践大型文化剧目表演。如西安仿唐乐舞《霓裳羽衣舞》，面世近二十年，久演不衰。该剧目不仅作为国内外来宾必看节目，还应邀赴联合国及几十个国家演出，成为宣传西安美好形象、展示中华文化魅力、促进中外友好交流的一张名片。近年浙江省会杭州虽有一些文化节目出台，但相对项目散小，历史韵味不足，社会影响不大。建议将杭州南宋画院以"西湖十景"题名画的历史故事、西湖

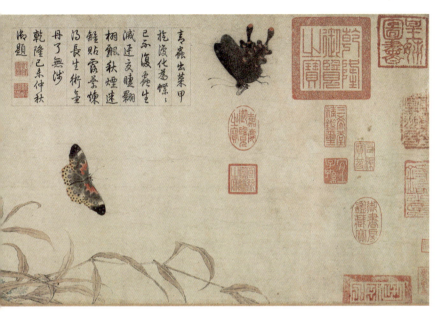

（传）〔宋〕赵昌《写生蛱蝶图》（故宫博物院藏）

十景对国内外园林艺术影响的故事、中国四大民间传说中有两个发生在西湖（断桥不断愁肠断的"白蛇传"、长桥不长情意长的"梁祝"）、西湖"青山有幸埋忠骨"的诸位英雄故事等，经过巧妙编写，在美景中穿插故事情节，在山水中融入优秀文化，不断打磨，常演常新，力争培育出集中反映浙江杭州历史文化魅力的经典保留节目。

传承宋韵文化要重视学习和联系历史背景

　　学习宋代历史，有时会有一些困惑：很多学者说宋代冗官冗兵，积贫积弱，但宋代给我们留下了灿烂辉煌的经济文化和科技；历史上宋代有多少大英雄忠君报国，血洒疆场，也有多少好男儿死得窝囊，贬得憋屈……换个视角，我们在用很多精力介绍宋茶、宋瓷、宋服、宋词、宋诗、宋画时，也要不断自问：这些差不多一千年前的东西是中华文化的骄傲，但毕竟生产力发展水平、社会上层建筑已跃进了一千年。应该怎样理解一千年前东西的现代价值？怎么理解用今天眼光看似乎有些矛盾的宋代历史现象？

　　恩格斯说过："历史是这样创造的：最终的结果总是从许多单个的意志的相互冲突中产生出来的，……这样就有无数互相交错的力量，有无数个力的平行四边形，而由此就产生出一个总的结果。"（《马克思恩格斯选集》第四卷第478页）他的意思是：重大历史事件和现象，往往是由多种力量和原因共同作用的结果。如果我们对造成"力的平行四边形"的诸种因素缺乏了解，就容易产生一因一果的线性思维，形成一叶障目的盲目认知。

怎么把握历史的"力的平行四边形"呢？没有其他办法，只有挤出时间学习历史，掌握历史发展的脉络和背景。这样做，对我们认识和传承宋韵文化有以下几个好处。

一、了解缘由，加深认知

在研究和传承宋韵文化过程中，常会遇到一些"知其然不知其所以然"的现象。当我们进一步学习历史，了解了其"所以然"后，可以加深对宋韵文化的历史内涵和人文精神的理解。这对讲好宋韵文化故事，就有了深究的素材和溯源的思路。

比如，人们说宋瓷很美。但它美在什么地方？有人说，美在它的朴实无华、优雅端庄的气质。有人对宋瓷的特点做出概括：釉色纯净如玉，釉质细致温润，瓷器造型简练、线条简单，以白、青、黑、青白四大釉色闻名。

宋瓷这种朴实无华的经典造型，不仅被明清官窑所沿用，甚至沿用到了今天。但如果深究下去，为什么宋瓷会和唐三彩的艳丽风格迥然相异？这种风格是什么原因导致的？这就要到历史背景中寻找了。

基础弱导致宋王朝如履薄冰、崇尚节俭——宋朝是在五代十国纷乱中建立的，建立初期华夏大地上还有前蜀、后蜀、南汉、北汉、南唐、吴越等十个国家。北宋相继平定这些小国后，中华大地上还有西夏、大辽、吐蕃、回鹘、大理等多个国家和宋并存。宋王朝根基浮浅，危机四伏，立国之初，宋朝君王崇尚俭朴作风，很少用金银等贵金属制作日常用具。北宋中期战事和经济情况好些时，奢侈之风有所抬头，司马光、曾巩、欧阳修等士大夫对此上书严厉批评。总体来看，大多数皇帝也都能尽量做到节俭行事。

受到理学和宗教的影响——两宋秉承了东南佛国的宗教遗风；宋代理学成为影响很大的显学。理学强调"天理"与"人欲"的对立，注重伦理道德和精神责任，对奢靡之风嗤之以鼻。宋代皇室带头尊崇理学，自然对理学倡导的戒律给予呼应。

平民化、世俗化风尚的带动——宋代帝王从宋太祖赵匡胤开始，形成了一套后世尊崇的"祖宗家法"，包括宽厚仁爱、虚己纳谏、"不尚玩好，不用玉器"等。赵匡胤到宰相赵普家里喝酒，对赵普妻子"嫂子"长"嫂子"短地称呼，很是亲热。宋真宗每遇宰相吕端上朝，都要起身行礼。看到吕端太胖上朝不便，便让人把所有台阶降低。欧阳修在书中记载，一次宋仁宗生病，他进宫去探望，看到寝宫里摆放的陈设，都是些朴素简约的瓷器和漆器。

以上这些历史线索，可以成为我们今天理解宋代南北官窑瓷器呈现出一个朝代共同美感——极简主义的深层原因。

二、打消顾虑，丰富认知

宗教问题，在宋韵文化研究和传承中，是个难以回避的话题。杭州、宁波是吴越国故地。吴越国享国七十余年，其间，佛教盛行，宝刹林立，号称"东南佛国"。今天研究古代宗教，有多种历史缘由。

〔宋〕马远《竹林僧弈图》（私人藏）

　　宗教在古代和文化有联系。比如印刷术的传播推广得益于宗教教义的印制传播。唐代高僧玄奘西游印度十七年，取回二十五匹马驮的大小乘经律论二百五十二夹共六百五十七部。当时各地寺院林立，僧侣众多，佛教宣传品需求量自然很大。印刷术发明之前，图书传播主要靠手抄。隋唐发明了雕版印刷，宋代雕版印刷大行其道，还发明了活字印刷，宋版书随之风行。根据考古发现，吐鲁番、敦煌、西安等地出土的早期古代印刷品里，基本都是宗教内容，几乎没有娱乐的、日常信息的内容。佛教和僧侣的需求，刺激了印刷术的发明。

　　宗教在古代和科学有联系。比如宗教和火药的发明直接相关。炼丹术起源很早，《战国策》中已有方士向荆王献不死药的记载。汉武帝向民间广求丹药，招纳方士，并亲自炼丹。炼丹术流行了一千多年，虽然没有实现长生不老的梦想，但炼丹过程成为化学实验的原始形态。东晋《抱朴子》丹方中记载的

〔宋〕佚名《三官图·地官》（波士顿艺术博物馆藏）

炼丹原料，包含硝石、硫黄和碳类物质，都是火药的基本成分。炼丹反应中的燃烧现象，常引发丹房失火，启发了人们对这一燃烧动力的思考。到了唐末宋初，这一发明从炼丹家手中传递到军事家手里。《宋史·兵志》记载：宋太祖开宝三年（970），兵部令史冯继升进火箭法，在箭杆前端缚火药筒，利用火药燃烧向后喷出气体的反作用力把箭镞射出。此后，火箭、火球、火蒺藜、突火枪、霹雳炮等火器相继诞生。这些都是用火药制作的新型武器。

总之，典籍中反映出来的宗教的作用，是研究历史、文化、科学等很难回避的。

三、综合分析，精准认知

注意分析历史脉络和背景，可以使我们对一些历史现象的背后原因进行综合性思考，不至于浅尝辄止，人云亦云。

比如，很多人羡慕宋代的宽松治理环境，对士大夫所处的那个时代赞不绝口，对那时的君臣关系艳羡不已。一些人还特别喜欢把宋代宽松治理环境，归因于太祖赵匡胤"君臣共治天下""不得杀士大夫及上书言事者"的遗训。

这样说虽然符合事实，但还不是历史的全部真相。

有一个问题值得深究：不杀就可以有气节吗？

不杀自然很好。但人生在世，不会只追求这一最底线的生存需要。在王权至上的封建时代，让你丢官弃爵、名誉扫地、前途茫茫，是"不杀"；让你颠沛流离、远离父老、衣食难保、不死不活，也是"不杀"——在杀与不杀之间，还隔着十万八千种命运多舛和选择困难。宋代士大夫的气节，正是在这个意义上彰显出其岁寒松柏，云水襟怀。

放眼过去，在宋代"不杀"的环境下，既有因"文臣不爱钱、武将不惜死"而留名千古的士大夫，也有以蝇营狗苟、卖国求荣而留下骂名的贪官权臣。换个视角，现代社会"不杀"早已是常态，但舍弃名利、坚持真理的人不是越来越多，缺乏底线、贪赃枉法的人一点没少。"不杀"，看来"撑不起"中国人气节和操守的千斤重担。

翻阅宋代典籍，我们可以找到培育宋代士大夫英武气节的历史背景：

"重文轻武"策略和科举制度改革——宋代重文轻武策略不仅抬高了文人地位，同时也为大批腹有诗书、胸怀大志的文人入朝为官搭建了平台。宋代科举制改革为平民子弟做官敞开了大门：一是不问家庭背景。隋唐以前，考试留有家庭背景资料。五代和宋以后，开始取士不问家世，这使平民百姓进入官场的机会大大增加。二是实行乡试、省试和殿试三级考试。这使来自基层普通家庭的机会进一步增加。三是考试严密化程度提高。不仅出题人提前被封闭起来，而且建立"别试"制度，各级主考官、地方官子弟和亲属及门客应试，要另设主试官和考场。还有，实行试卷"糊名"（弥封）制，不仅糊住试卷上的名字和乡贯，还要糊住初考官所定的等第；此外，为防止批阅官认识字体或记号，请专人把试卷照原文重新誊录，经校对官校勘无误后，才交人评阅。

〔宋〕佚名《〈睢阳五老图〉摹本》（上海博物馆藏）

这样做的结果，使三代无官的平民进入仕途的很多，文天祥、范仲淹、欧阳修等都是平民家庭出身。这些进入仕途的平民子弟，从小经历过苦日子，在饱读诗书的为官者中，他们对四书五经里的道理笃信不疑，书生意气，比较较真，所谓"朝闻道，夕死可矣"。

当然，保护文人参政"不杀"的"家法"，也是其中一个重要原因。

儒家"忠君爱国"核心价值观因上述得到激励张扬——传统儒家以"忠君爱国"为导向的核心价值观，在上述多种背景影响下，得到极大的激励张扬。宋代知识分子忠君爱国的事例非常普遍。宋朝在公办私立学校和科举考试中，在各种史书典籍、法律条文、乡规民约、治家格言及文学作品中，无不浸润着儒家道德观。各地不论经济发展程度怎样，都把修贡院、兴学校、教化百姓、祭祀先贤等，作为大事首先保证。以忠君爱国为导向的核心价值观深入人心，成为知识分子心中普遍的价值认同；贪污腐败、丧失名节的行为则受到唾弃。

关于改变宋韵文博馆
重史轻论现象的几点想法

近年来，我省以宋代历史为背景的专题文博馆发展迅速，仅在杭州就有南宋遗址博物馆、南宋官窑博物馆、南宋德寿宫遗址博物馆、南宋钱币博物馆等。这些文博馆在传承历史文脉、普及传统文化方面，发挥了重要作用。但从传播效果和教育作用的更高标准看，目前的宋史专题博物馆普遍存在"重史轻论""重实物轻思想"的问题。这种现象如不引起重视和做出适度调整，不仅直接妨碍到宋韵文化的传播效果，而且与我省作为文物大省、博物馆大省的地位极不相称。

一、"重史轻论""重实物轻思想"现象分析

史学界"重史轻论"问题由来已久，文博馆展陈受到史学研究方式的制约，加上自身学术理论研究能力的局限，因此普遍存在重视历史展示、相对忽视理性分析的现象，程度不同表现出"重实物轻思想"的偏向。主要表现在：展示与分析不平衡，侧重于事件的叙述和文物展示，历史解读结合当时社会背

景、政治环境及文化影响等深层次因素分析不足；侧重于历史、
人物和艺术的表征展陈，对于南宋历史涉及的考古学、艺术史、
社会学、政治学等多学科研究成果的吸收和整合不足。

　　比如，南宋专题博物馆通过地下遗迹还原、实物物件展示、
数字化建模和增强现实（AR）技术等，为观众提供了现场感、
沉浸式的体验，使观众能够直观感受南宋时期的文化和生活。
但目前的展陈和技术应用，在注意并强化观众感官体验的同时，
引导观众进行理性思考和问题辨析的功能明显不足；对于南宋
时期的历史背景、重大事件、文化意义、后世影响等方面的分
析也明显不足，尤其是对一些重大历史变化和观众心中的疑虑，

〔宋〕李唐《采薇图》（局部）（故宫博物院藏）

还缺乏满足社会需求的释疑解惑。

　　试举一例。对于南宋定都杭州这一历史大事件，南宋专题文博馆在展陈中几乎都有所涉及了，但或只提一下1279年宋高宗赵构最终将临安（今杭州）作为都城，或简要陈述赵构在建康（今南京）、越州（今绍兴）和杭州三地徘徊选择的过程。这种纯粹陈述历史、描述现象的介绍，远不能解开一些观众心中的疑问：南宋朝廷选择定都临安、偏安一隅，并杀害、压制了一大批锐意北伐的抗金英雄，为什么现在还要大肆宣传赞扬南宋，甚至把宋高宗的寝宫也还原重建呢？

　　这里的关键，是我们的文博馆没有站在历史长河发展、百姓休养生息的大视角，用以下几点思路分析和展陈去引导观众：第一，定都临安（今杭州），促使杭州成为中国文化转型的孵化地和加速器。宋廷南迁不仅进一步延续了江南弭兵休战、少有战乱的和平环境，而且江南富庶以及开放宽松的政策使得临安吸引了大批北方农民南迁，既带来了先进生产技术，又补充了江南劳动力，同时大量能工巧匠和各类艺术人才也集聚在临安，大大促进了南宋经济社会发展和文化科技繁荣。第二，宋代各种鼓励农耕和工商的政策以及人才的集聚，使得南宋时期中外贸易空前发达。临安成为南北、中外文化相互碰撞彼此融合的渊薮，促进了经济快速发展、文化空前繁荣和百姓安居乐业。第三，南宋定都临安，客观上承载了国家经济重心南移和中国文化转型的任务，进而深刻影响了后世发展。临安一跃成为世界重要政治、经济和文化中心之一，为后世南北融合与中外交流提供了路径依赖。南宋体现在哲学、艺术、文学、工艺、科技、建筑、碑刻中的创造活力、生活情趣和审美品位，成为后世传颂、借鉴和追攀的目标。这是人类社会发展进程中多因多果、互为因果复杂关系的一种历史现象。

文博馆在展示和传承历史文化时，只是重视历史线索陈述和实物展陈，忽视对历史现象背后深层次原因和影响的介绍分析，会带来一些不良社会后果。

首先，导致公众对历史的表面或片面理解。历史不仅仅是一系列事件的排列，每个事件背后都有其复杂的社会、政治、经济和文化背景。如果文博馆在展示人物、事件和实物时，不注意研究并做出适度挖掘分析，会导致历史展陈的片面和表面化，无法全面传播历史事件和人物的真实面貌，使观众无法完整理解历史发展的脉络和深层次原因，从而形成浅层、破碎的历史观。

其次，削弱文博馆在文化教育方面的作用。文博馆不仅是历史现象的展示场所，也是公众教育的重要平台。一方面，缺乏理论分析，容易导致对历史事件的解释缺乏深度和说服力；另一方面，历史研究需要关注历史与现实的关联，如果南宋史展陈忽视对历史经验教训的总结及其对现代社会的启示，就会降低文博馆的现实意义和社会价值，难以为现代社会公众提供借鉴和参考。通过适度深入的历史挖掘和分析，文博馆才可以帮助公众建立起批判性思维，培养起他们分析和思考历史问题的能力。

再者，导致文博馆展示内容的僵化和单一化，影响其可持续发展。如果文博馆只停留在传统的展示方式和内容上，会逐渐失去吸引新一代高学历观众的能力，妨碍其后续发展的空间。此外，文博馆作为连接公众和学术研究的桥梁，如果缺乏对历史现象的深入研究和分析，也会降低其在学术界的地位和影响力。

二、调整"重史轻论""重实物轻思想"偏向的政治和文化意义

文博馆在当前面临着多方面的挑战和发展机遇，解决"重史轻论""重实物轻思想"问题是迎接挑战的重要一环。这是

因为，文博馆不仅仅是历史的展示窗口，更是文化传承、教育普及、社会服务和国际交流的重要平台。解决这一问题，有助于全面提升南宋专题文博馆的宣传教育功能和社会作用。

一是强化文化自信。宋代专题文博馆作为文化传承的重要场所，需要在展示历史的同时，加强对中华优秀传统文化、中华文明传承的理性辨析和文脉赓续的阐释。观众在参观时如果能够透过实物、事件和人物，思考宋代与前代关联、与周边民族政权关系以及其制度设计、重大决策对经济社会带来的影响，就可以透过现象看本质，客观地、发展地把握历史事件和人物，把对今天中国的认识建立在历史赓续和文化自信的基础上，从而体现出文博馆履行宣传教育社会职责的积极作为。

二是提升教育效能。文博馆应当也完全可以成为公众教育

〔宋〕徐禹功《雪中梅竹图》（辽宁省博物馆藏）

的重要场所。比如，宋代瓷器造型简练、线条简洁和以四大釉色（白、青、黑、青白）闻名等现象的背后，有宋代建立初期基础薄弱崇尚节俭、宋室尊崇理学对奢靡之风嗤之以鼻、宋朝平民化世俗化风尚带动等深层次原因。把现象提升到对历史背景和本质的认知高度，就能使观众在参观过程中不仅看到历史现象，还能理解历史背后的内在逻辑，从而对历史发展形成较为综合和深度的理解，提升文化素养和审美能力。

三是丰富展览内容。目前不少文博馆都在为实物匮乏、展品不足而犯愁。在这些工作需要继续推进的同时，如果能够对已有文物、事件和人物多做一些深度挖掘，多给一点深层辨析和解读，可以衍生出很多新的展示内容，使展览更具吸引力和教育意义。

四是促进学术研究和国际交流。文博馆拥有丰富的藏品和资料，是学术研究的宝贵资源，也有高校不具备的特殊资源和研究便利。加强对宋代历史以及博物馆学、考古学、文物保护、古代政治史等领域的学术探讨，有助于推动南宋历史研究和展陈的虚实结合与古今转换，培养更多特殊的专业人才。同时，文博馆也是国际文化交流的通用载体和有效平台，改变"重史轻论""重实物轻思想"的传统展陈方式，适度加强专题研究、理论分析和重大问题研讨，博物馆就可以更好地展示南宋文化和中华文化的独特魅力，完善人们关于中华文明对后代、对世界影响的认知，促进不同文化之间的对话和交流，提升杭州乃至中国的国际形象。

三、改变南宋专题文博馆"重史轻论""重实物轻思想"的几点建议

南宋历史的展陈和传播，是一个关乎社会效果的综合性工作，需要立体考虑南宋历史的深度与广度、受众的需求和接受能力以及传播媒介的特点等。为了调整南史专题博物馆在一定程度上存在的"重史轻论""重实物轻思想"现象，提升南宋历史展示的政治意义和文化功能，同时促进历史研究更具时代意义和实践价值，提出以下建议：

第一，加强南宋历史的学术交流和研究。具体有三个方面：一是推动跨界合作与交流。南宋专题文博馆可以通过自身优势，主动开展与高校和研究机构的学术研究合作，共同开展包括南

宋历史文化项目的专题交流和课题研究，通过跨界交流促进文博馆研究水平的提升。还可邀请宋史研究领域的专家学者参与展陈内容的策划和编写，确保展陈内容的学术性和权威性。二是文博馆自身也应加强对于南宋文物背后历史背景、人物和事件的深入研究。除了对历史和文物的年代、事件、形态等基础信息进行描述外，挖掘文物所蕴含的历史背景、文化内涵、社会价值和多侧面影响等，通过研究和思考，将这些深层次的信息转化为观众能够理解和接受的知识和思想，也是文博馆展陈的当然责任。三是加强专业人才培养。文博馆要加大对讲解员、策展人等专业人员的业务培训，提升其南宋历史文化素养和相应的学习研究能力，为深入解读和传播南宋历史提供人力资源环境。

　　第二，适当增加文博馆历史解读分析的比例。有以下五个方面：一是在提升学术能力和研究积累的前提下，提高深层解读分析历史背景和重大事件的展陈意识。通过介绍历史事件的起因、过程和对后世的影响，帮助观众理解历史发展的复杂性和多维度。二是在展陈中，除了对南宋基本史实进行陈述外，注意加强对历史事件背后原因的分析，对历史人物动机和影响的评价，以及对历史发展趋势的梳理。比如在介绍历史人物时，除了展示其生平和事迹，还应加强对其历史地位、主要作用、对他人影响及做人做事方式等的分析评价。通过对人物的深入剖析，全面展现其在历史进程、重大事件中的作用和影响。三是定期举办与南宋史相关的主题讲座和研讨会，邀请专家学者就特定历史议题进行解读分析；还可以设置专题讨论环节，通过现场或线上的方式，邀请专家学者就某一历史议题引导观众一起讨论，让观众参与到对南宋史的讨论和思考中来，激发他们对历史人物和事件背后综合因素的了解和兴趣，提高展陈的互动性和参与感。四是定期策划和设置专题展览，如"南宋朝廷北伐的艰难选择、重大事件和结局分析""南宋经济发展的条件、难题和主要成绩""南宋科技与文化发展的背景、成绩和对后世影响"等等，通过专题深入探讨南宋某一主题的历史背景、综合因素、重要人物、重大事件和对后世的影响，为观众提供既较为深入又比较综合的历史视角。五是注重历史与现实的联系。在展陈中，对宋代社会、经济、文化、科技等方面进行展示，对一些主要事件、重要人物、重大创新、疑难问题等进行分析，让观众看到历史对现代社会的影响和启示，增强文博馆展陈的现实意义。

第三，创新文博馆的传播方式。有以下五个方面：一是通过定期举办以南宋历史为主题的特色活动，如模拟历史事件的角色扮演、历史问题的辩论或竞猜、历史解谜游戏等，提高公众特别是青少年对南宋历史的兴趣和思考。二是鼓励观众参与到展览的讨论和反馈中来，通过问卷调查、观众留言和其他意见收集的方式，了解观众对展览内容的看法、需求和建议，不断优化文博馆展陈的内容和形式。三是运用多媒体技术，如虚拟现实（VR）、增强现实（AR）等，创造沉浸式的历史体验。利用数字媒体、社交平台等新兴传播手段，将文物背后的故事以既生动有趣又引导思考的方式呈现给公众，激发公众对南宋历史的兴趣、参与度和自觉思考。四是对场馆进行重新规划，优化场馆布局与导览服务，设置专门的南宋历史学习和思考区域，如南宋史图书馆、南宋史研究室等，为观众提供研究南宋历史理论的场所。建立数字档案库，收集和整理相关的历史资料和国内外研究成果，方便公众和研究者查询和使用。还可以开发在线教育资源和互动平台，让更多人通过网络学习南宋历史和参与问题讨论。五是重视线上线下、馆内馆外的融合。在实体展览的同时，通过线上展览和直播等方式，扩大理性分析的"版面"和增加分析深度，扩展文博馆的观众群体和影响力。文博馆还可以与学校教育结合，共同推动南宋历史融入杭州和浙江的通识教育，实现教育资源的最大化利用。文博馆的教育功能，还可以延展至社区，通过流动博物馆、社区宣传栏等形式，实现教育功能的扩展。此外，展览中除了以展示本土成果为主，也可有选择地引入一些国际研究视野，促进南宋历史文化研究成果的交流互鉴。

"全不"不好，"全部"也糟
——发掘南宋文化遗产的思想方法漫谈

南宋文化，建立在大唐丰盈积累、宋室裹挟南迁、东南自古安定、宋金分峙一百余年，使杭州成为其时（12—13世纪）中国乃至世界的经济中心的基础上。南宋文化对今天的影响力是客观存在的，或显赫或潜在。无视南宋文化客观、积极的影响，对其持"全不"态度，或是搞历史评价的"翻烧饼"，把南宋文化捧得老高似乎可以"全部"接收，都不利于发掘南宋文化遗产这项重大文化工程积极、有益、有效地开展。哲学是文化的精髓，发掘南宋文化遗产有必要先从哲学方法论层面讨论相关的几个问题。

一、发掘南宋文化遗产的真正目的何在？

大而言之不难，"历史没有垃圾堆""古为今用""弘扬历史文化"……可南宋王朝毕竟是丢掉半个中国的偏安朝廷，过去对于南宋文化一直评价很低，如今的发掘究竟目的何在？在笔者看来，有以下几点。

　　一是放大杭州社会的优势人文精神。杭州在南宋时期成为世界著名大都会，不是"偏安"带来的，但南迁毕竟带来了中国第三次南北大交融；人才和资金集聚南方使商业、手工业、丝织业、建筑业等在竞争中得到极大发展。杭州人语言、饮食甚至性格中存在的南北夹杂、米面皆可、细腻又热络，外地人到杭州创业融入本地快、称赞杭州人"不排外"、佩服杭州人做事精致规范……这些都可以从吴越、南宋文化的历史积淀中找到因缘。

　　二是增加杭州文化生活的历史含量。经济发展必然带来文化需求。文化总是一定历史的文化，但有"历史年代"和有"历史感"是两回事。"数典忘祖""不知魏晋"的事，中国古已有之，于"文革"之后为烈，这正是今天杭州在人文精神传承、旧城保护意识、掌故传说演绎过程中，要像美国人发掘"列克星敦枪声"、法国人以"豪斯曼风格"保护巴黎老城区、韩国人创作出雅俗共赏的《大长今》那样，通过对南宋文化的温习研习，使杭州人在南宋世纪长廊的徜徉中，也得到灵感萌动、创作激情、文化欣赏和历史自豪的深刻原因。

　　三是分析对比杭州历史文化的高下优劣。杭州文化在中国，不像上海的"海派文化"、广州的"南粤文化"、北京的"皇城文化"那样引人注目，这在过去可以理解。如今杭州的经济实力、社会影响都在跃升，发掘历史资源、建设文化名城的任务摆到了面前。无视厚重的历史遗产只知"往前看"是对先人的不敬和规律的无知，这已经多少表露在了杭州人谈吐"实际"、语言苍白、天地较小、自我欣赏的文化现象上。而一说要重视南宋

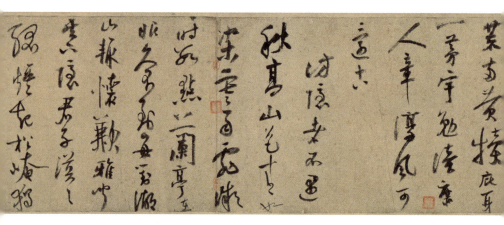

文化，有人又热情似火，把偏安的南宋朝廷描绘成辉煌盛世……让人感觉历史又成了被随意打扮的"小姑娘"。"发掘"不是"挖出来"照单全收。"发"现好的、"掘"掉糟的，结合新时代、新需求，光大于今仍然有益的文化遗存资源，才是目的。

二、南宋文化遗产有哪些因素可以为今天所用？

南宋时期得益于经济发展、南北交融、人才荟萃、社会安定，其文化发展与经济社会发展呈现出的大都会风范相吻合，南宋文化遗产对后人影响较大的，也许可以从以下五个方面概括。

一是灿烂丰富。建立在历代文化积累和北宋王朝及百工南迁基础上的南宋文化，被时人、后人誉为"文献之邦""文物之邦""东南诗国""宗教圣地""书画之邦""人物都会"等。

二是忠义爱国。北方金人的霸土掳掠和宋廷被迫迁都，使

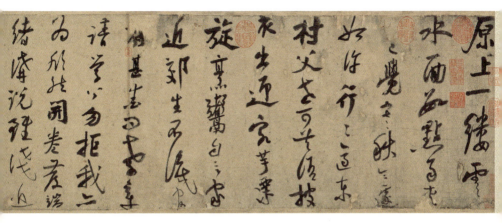

〔宋〕陆游《自书诗卷》（局部）（辽宁省博物馆藏）

南宋时期一大批朝内外人士一改太平盛世追求"染柳烟浓，吹梅笛怨"的士大夫情调，以陆游、尤袤、杨万里、范成大"中兴四大诗人"为代表的一代爱国名士，为后人留下了无数诸如"夜阑卧听风吹雨，铁马冰河入梦来""王师北定中原日，家祭无忘告乃翁""忍泪失声询使者，几时真有六军来""人生自古谁无死，留取丹心照汗青"等千古传唱的爱国名句，成为中国诗歌史上的一段绝响。

三是开放兼容。由于政治上的剧变，中国历史上中原文化有三次向南迁移：第一次是永嘉之乱后晋室南迁，第二次是安史之乱后灾民南逃，第三次是金人入侵后宋廷南迁。由于南宋朝廷以称臣、割地、纳银为代价与金人签订了"绍兴和议"，南宋王朝赢得了延续近一百四十年的和平发展时期。其间在百工南迁、宋使北上、对外贸易过程中，杭州人与北方汉民族、少数民族以及日本、朝鲜、越南、缅甸、马来西亚、阿拉伯等外国人的交往超过了北宋时期。

四是雅俗相融。宋时的文人雅士在杭州留下无以计数的诗、词、书、画、篆刻等文学艺术作品，其中苏轼、罗隐、林和靖、杨万里、范成大、黄公望、陆游、辛弃疾等人的作品堪称杭州雅文化的代表。随着南宋杭城手工业、商业的发展和市民阶层的壮大，民间文化诸如诗话、民歌、说唱、傀儡戏、皮影戏、民间舞蹈、杂剧、杂技、踢弄、口技等也争奇斗艳，固定演出场所瓦子（瓦舍）遍布市内。

五是精致和谐。无论是宗教建筑寺、塔、幢、石窟造像和刻石艺术，还是皇家园林、私家别墅中的亭、台、楼、阁、小桥流水等，都做工讲究、小巧精致。精致特色还表现在南宋杭州手工业产品如丝绸、茶叶、陶瓷、扇子、剪刀、雨伞等，都以质优物美畅销南方甚至金、西夏。吴越国王钱镠定都杭州后，营造了南起秦望山、六和塔一带，北达武林门外，西濒西湖至宝石山，东至东河的南北修长、东西狭窄的"腰鼓"型城市空间形态，使杭州自然景观和谐融汇城、湖、山、江、河于一体；同时自然景观又与寺、庙、观、堂、亭、台、楼、阁、塔、幢、石窟造像、刻石艺术、名人墓葬等各类人文景观交相辉映；此外，杭州历史上环境安定，战乱很少，生活安逸，文化开放，表现为更高意义上的精致和谐。

三、南宋文化能不能直接为今天享用？

南宋文化能不能直接为今天享用？答案基本上是否定的。

斗转星移、需求提升是根本原因。每一时代的文化可分为多种形态和性质，传承方式及吸纳程度各有不同又是一个原因。具体分析至少有以下几种情况。

第一，"文化势能"遗存仍可利用但必须有所拓展创新。比如南宋时期文化的灿烂丰盛，不仅为历代世人称道，也在一定程度上为杭州今天建设"国际风景旅游城市""国家历史文化名城"提供了着力点。灵隐寺、净慈寺、六和塔、保俶塔至

〔宋〕佚名《西湖春晓图》（故宫博物院藏）

今仍是杭州文化的象征；五十多个国家、省、市重点文保单位有不少与南宋文化有渊源；西泠印社、中国美术学院在杭州生存壮大，杭州茶馆为西湖增色、杭帮菜红遍全国，不能说是一种偶然。但回首望去，昔日王城的辉煌变成了今天大都市之间的综合竞争；昔日手工业的繁盛演绎为今天软件业、动漫业的产业先机；昔日才子、百官麇集都城临安，今天长三角南翼的杭州在全国乃至海外招贤纳士。时代、环境、任务、城市性质都与九百年前大有不同，南宋后人在享用先人遗存的文化势能时又不得不面向未来、责任在肩、有所创新。

第二，"文化心理"值得珍惜发扬，但落实需要现代理念和手段。古代文化由于较少受到现代市场意识、功利心理的浸染，值得传承，但一要做到"识货"、珍惜，二要关注手段、方法，三要重视扬弃、提升。比如南宋时期的对外开放，是在异族入侵的背景下进行的。其时的对外开放，突出表现为政治剧变带来的开放度大、开放时间长，以及民间商业活动催生的

〔宋〕赵黻《长江万里图》（局部）（故宫博物院藏）

不惧战火、不拘国界和路程的强大对外交往动力，这种开放的背景使人们产生某种被动、经济冲动的文化心理。中国"入世"对于杭州等一城一市而言，其实也是被"逼"而动、带有某种被动开放应战的色彩。南宋时期险峻情势下的被动开放尚可带来南北经济互补、文化交融的盛况；现代文明条件下的对世界开放，杭州人应该有更多迎接开放挑战、从开放中学到、拿到自家所需的信心和预见能力。然而，有开放心态不等于能以一种现代开放理念和姿态搞好对外开放。南宋王朝迁都杭州后，可以不考虑人口、产业布局，在京城临安南北建设一条专供皇帝通行，南起皇宫北边和宁门外，北至武林门前中正桥，由数万块巨幅石板铺设而成，长达一万三千五百余尺，宽敞通达的"天街"（御街），以显示其皇家风范。今天的杭州在迎接八方来客过程中要疏导城市人流、车流，则需确立建设"多中心""第三代卫星城""多功能综合分区""紧凑型城市"等现代开放型的建筑理念和规划。再如招商引资，南宋临安因王城南迁自然引来众多资金和人才，但现在招商引资的难处和禁忌大大增加了：海外招商想以"风景旅游""文化名城"的标签增加杭州魅力，不想却增加了外资企业的顾虑，担心这样的地方不可以上工业项目。

第三，"文化基调"完全可取但内核需要扬弃。比如忠君爱国的文学作品，已是南宋时代思想发展的巅峰。现今没有哪一个国家不把重社稷、爱国家作为主流意识形态大肆宣扬，这也正是那些爱国诗篇在中国能够口口相传、千年不衰的深刻原因。但是，南宋时期的爱国，一方面以"忠君""朕即国家"为前提，和"领导就是服务""政府和民间合作"的现代理念相去太远，简单继承弄不好还会因与现代民主理论相悖而误导青年；另一方面，如今的"爱国"不能不兼顾"全球意识""贸易双赢""比较优势""国际规则"等新鲜内容。南宋时期的忠君爱国思想，在千年后的今天，不够用，也不可简单照搬了。

第四，"文化形式"尚可借鉴但基调、内核已不堪用。南宋时期国家分裂、朝廷偏安、屈辱纳贡的现实，给南宋文化打上了鲜明的时代印记。其中依仗江、淮、湖、广诸地物产丰足的地利不思北上的苟安怯弱做派，南宋晚期以流连光景、歌舞升平的"四灵派""江湖派"诗作，以及精致细腻的江南饮食文化等，或多或少给杭州人造就了沉醉于湖山之乐、安于现状，热衷于小家碧玉式氛围、自满自足，倚靠"文物之邦""鱼米之乡"诸多美誉，封闭、自大、缺乏创新冲动的文化心理。这些东西一定程度上成为杭州大气开放的某种文化心理障碍。不过，南宋时期偏安文化在文学的辞藻音律技巧上，在官窑器皿的细润色泽火候上，在建筑风格、功能设计和做工的考究上，都达到了令今人艳羡的地步！如南宋有《约客》一诗："黄梅时节家家雨，青草池塘处处蛙。有约不来过夜半，闲敲棋子落灯花。"诗人用"家家雨""处处蛙"寥寥几字，描绘出由雨声、蛙声构成的初夏梅雨时节的环境氛围；夜半约客不来，诗人"闲敲棋子"的下棋声和屋外的雨声蛙鸣相映，衬托出作者对所约之人的思念和顾影自怜、冷清孤寂之情。对照古人炼字、推敲的认真和工夫，今天我们一些已不懂平仄、对仗，又不讲究文采，却动辄洋洋数万言的文者、讲者，实在应该汗颜。

为什么要发掘和保护南宋皇陵

天才蒙蒙亮，我从小和山家中出发，去考察南宋皇陵。初冬的清晨，来自北方的寒流还滞留在江南上空，地面还铺着一层薄薄的早霜，路上行人裹上了厚厚的冬衣。南北同此凉热，古今自有联通。到了太平门直街，研究会一行在胡坚会长带领下，登上中巴，一路向东疾驶，前往此行目的地。两边行道树快速闪向身后。车窗外，阳光明媚，冬日可爱。

车过萧山，进入绍兴柯桥区、越城区，看到两边"群贤路""越兴路""中兴大道"的街名，想到今天考察的主题是早有耳闻但不曾谋面的，江南最大的帝王陵墓，我有些兴奋。同时也在自忖：省内各级政府围绕"宋韵文化"，都在摩拳擦掌，谋篇布局。"文化"概念本已捉摸不定，加上个前缀"韵"字，就更有些玄妙。什么是宋韵文化的真义？"宋文化"怎样才算体现出了"宋韵文化"的魅力？耗资费力地挖掘封建帝王的陵墓，于今何益又于民何利？

一个多小时以后，车停在一排矮旧的房前。前身为绍兴茶厂的富盛镇茶场，就坐落在宋六陵遗址保护区的地表面上。

接待我们的是宋六陵考古发掘项目负责人，省文物考古研究所副研究员李晖达。他边走边说，如数家珍。从他口中得知，省文物考古所从 2012 年以来，联合绍兴文物部门经过六年调查勘探，三年现场考古勘察，已经发掘了两组陵园建筑遗址。

十年如一日的默默"耕耘"，让我们心生敬意。

李晖达介绍说，一号陵园已确定了陵区内的建筑遗址包括门殿、享殿、龟头屋、垣墙等，探明了遗址的中轴线建筑布局和垣墙范围、石藏墓室具体位置和规模。他们判定，一号陵园应是南宋某座帝陵的上宫或后陵的基址。在完成陵园整体发掘后，省考古队已做了回填保护，一号陵园重归地下得到保护。

二号陵园在一号陵园东侧约一百二十米处。在遗址中，发现了两座殿基、庭院和东西回廊，推测是某帝陵攒宫的辅助陵园——下宫遗址。李晖达介绍说，在这里发掘出一组完整的宫殿建筑院落，找到了一批建筑构件和较完整的阶沿石。阶沿石东西长四十五米，南北宽二十四米，规模宏大，给人无限想象。考古人员发现，这里整座基址的夯土台基，南北进深二十米，东西全长约三十米。台基内的磉墩现已探明的共有二十八个，已全部发掘完毕。大殿立有二十八根大柱，这是一个面阔五开间、进深三开间的殿堂式建筑。磉墩下面用砖砌成，上面有石板，然后再做柱础，这是非常讲究的做法。

历史记载，忽必烈灭南宋后，宋六陵经历了元朝杨琏真迦等人的盗墓洗劫，破椁裂棺，盗走随葬珍宝不计其数。至清代末期陵墓已经荒芜不堪。抗战时期，绍兴沦陷，日军屯兵于攒宫山上，将陵周古木砍伐殆尽。此后汪伪政权的士兵又对六陵进行集体盗掘，更大程度地毁坏了宋六陵。20 世纪 50 年代，六陵中还有孝宗陵、理宗陵，尚存享殿三间，其余仅存墓冢、墓碑和祭桌。到了60年代，宋六陵墓冢均被铲平，墓碑、祭桌移作他用。70年代后，这里被垦为一片绿色的茶园，地面建筑全部消失。考古现场几树高大的古松，成了宋六陵最后的标识。

听着专业、细致的介绍，看着挖掘现场清晰可见的磉墩、砖石、阶沿石、灶台等沉睡千年的宋代遗存，我脑子里又冒出文前那些问题，此前一些地方官员的讲话也一同涌来："以建设宋六陵考古遗址公园为重要抓手，深入挖掘和弘扬绍兴的南宋文化""开展文化基因解码，寻找南宋文化的核心价值""将古城绍兴打造成为中国南宋文化传承发展的高地"……

思想指导行动，也可能影响行动。对"宋韵文化"的理解把握，实实在在地关系到下一步各地研究、规划、建设的思路与品质。

"宋韵文化"建立在对宋代经济社会辉煌业绩的认定提炼上，彰显的是那个享国三百余年的朝代的历史地位。"宋韵"和"文化"是两个东西："宋韵"特指中国历史上宋代经济、文化、科技、社会发展达到的高峰地位和辉煌韵味；"文化"则是指作为上层建筑其反映和反作用"宋韵"的盛况、机理及其对于今天的启示和借鉴。因此，省委"宋韵文化"这一新概念的核心价值，在于给我们提出了对待宋代文化认知和工作的三个思路着力点：第一，对宋代辉煌发展的历史背景和丰富积淀要充分占有，这是"韵味"的沃土；第二，对表现宋代辉煌发展的文化成果和丰富内涵要深入研究，这是"韵味"枝干；第三，根据时代条件和社会需要，要对源自宋代历史和文化遗存的时代价值有所转换有所创造，这是研究和建设宋韵文化的

〔宋〕艳艳女史《花卉草虫图》（局部）（上海博物馆藏）

最终果实。

也就是说，不了解宋代历史背景和丰富积淀，宋文化建设可能因"标签化"失去"厚重韵味"；不把握宋代文化成果的丰富内涵和表现方式，宋文化建设可能因"简单化"失去"丰富韵味"；不注意宋代遗存和灿烂文化的转换与创造，宋文化建设可能因"复古化"失去"时代韵味"。

换言之，"宋韵文化"不等于"宋文化"。如果不强化研究历史背景、挖掘文化内容、转换创造载体的建设思路，以为竖起一座座、拿出一件件可视可触的"实体"作品就大功告成，"宋韵文化建设"就可能因失去历史的、文化的、时代的韵味，而变成单纯的"宋文化建设"。如果那样，轰轰烈烈的宋韵文化推进高潮可能就会降格为专业机构、专业人员的研究平台和作品机遇了，就很难出现体现历史内涵、饱含思想深意、触动观众心灵的精品力作。

从这个意义上思考，绍兴宋六陵作为南宋帝、后的陵寝所在，其挖掘、研究和展示工作，我想至少有以下几点需要各方协同研究保护开发的思路和方法。

一、陵墓承载着历史，是见证历史了解历史的直观教材

陵墓是建筑展示的历史，也是历史完成的建筑。帝王陵墓其实不只是一个墓穴，它是一种和帝王及其时代有特殊关系的历史记录。从这一意义而言，古代风水说除了追求优美的、赏心悦目的自然生态和实用功能外，还是一门对自然环境理解、组织和创造的艺术。古代万物有灵的观念导致了人们对山川自然崇拜，并逐渐发展成为敬祀和敬畏天地日月山川。这又引发了亲近山水、崇尚自然的行为方式和"天人合一"的哲学观念。宋六陵东傍青龙山，南接紫云山，西依五虎岭，北靠雾连山，构成左青龙、右白虎、前朱雀、后玄武的风水景观，好像四大山岭护佑着山下皇陵。同时地势东南略低，西北稍高，清澈的溪水沿皇陵向东南蜿蜒而过，整个陵区山水交融，风景如画。

陵，本是"大土山"之意。商、周时代君王的坟墓还被称为"墓"。大约到了战国中期后，"陵"首先出现于赵、楚、秦等国君王墓的称谓上，这与当时封建王权不断增强的历史背景有关——封建君主为体现自己至高无上的地位，坟墓不仅占地广阔，而且封土崇高，如同山陵，自然也耗资无数，劳民伤财，帝王墓也就改称为"陵"了。古代皇帝陵可建九丈甚至更

高，百姓的墓则称为"坟"，且多限在三尺以下，否则就是违法，要受到处罚。骊山脚下的秦始皇陵，修建时间长达三十八年，比埃及胡夫金字塔还长八年，开历代封建君王奢侈厚葬先河。从两周、商代时期诸侯王墓中的各种青铜做成的酒器、乐器、饮食器和兵器，到此后帝王随葬品中的漆器、玉器、瓷器、金银器、字画、珠宝等，记录的是古代帝王生前死后的骄奢生活和对物对人的态度。明定陵在建造过程中共耗费八百万两白银，当时明王朝一年赋税总收入仅有白银四百万两，也就是说万历皇帝陵墓竟花光了朝廷两年的税赋收入！站在高大威严的帝王陵前，注视琳琅满目的陪葬珍宝，后人对封建君主的奢侈生活，就有了震撼心灵的直观认知。

二、陵墓保存的文物，记载着历史文化进步的年轮

中国古代统治者盛行厚葬，大量民众创造的财富随葬埋进了陵寝。许多帝王为了表达对先帝的孝敬和礼仪，都会选择把陵寝主人生前最心爱最珍贵的物品放进墓穴，使得皇陵成为提供当时最高水准艺术品的重要来源。据史料记载，元初僧人杨琏真迦撬开宋六陵中宋理宗棺椁时，因理宗才死了四五年，遗体安卧如睡，棺底垫着织棉，包着金丝网罩。这些僧人将棺内陪葬的稀世珍宝抢劫一空后，又把宋理宗的尸体倒挂，撬走口中含的夜明珠，沥取腹内的水银。他们盗走了数量惊人的诸帝陪葬品，其中包括走马乌玉笔箱、铜凉拨绣管、交加百齿梳、香骨案、伏虎枕、穿云琴、五色藤丝盘、影鱼黄琼扇柄等许多

珍宝。

三、陵寝深藏地下，为后人留下了几近失传的古代珍品和历史真实

由于战争、火灾、风化等，古代地上建筑留存至今的已经很少。地下建筑成为今天了解古代建筑技术、材料进步及古代皇陵规制的实物依据。皇陵还为后人提供了三个"意外"的收获。

一是可能使失传的古代文化珍品"失而复得"。比如古代犀牛皮、竹木、青铜片做的铠甲，存在牛皮来源数量少、竹木不防火不防潮、青铜重量太大影响战斗力等问题。秦始皇陵发掘出一万多副石片铠甲，一件铠甲平均有六百个石片，为这项已经失传、巧夺天工的技艺提供了研究资料。再如马王堆汉墓中出土的《五十二病方》，补充了《内经》的内容，对现代医学研究起了很大的帮助。安阳殷墟出土的甲骨，为后人研究商朝历史提供了过去极缺的实物依据。可以这么说，帝制时代的历史真相，很多都隐藏在皇陵中，今天古代的传世国宝，几乎都出土于先人陵墓。

二是为已成定论的历史提供修编参考。1978 年发掘于湖北随州城西的曾侯乙墓，其中分布着众多随葬器物，出土文物达一万五千件。曾国这一国家并未记载于春秋战国时期的文献中。曾侯乙墓的发现，使曾国这一湮没在历史长河里的国家重新浮现。而墓穴中的青铜编钟，上面记载了先秦时期的乐学理论及各诸侯国的律名对应关系，证明了七声音阶并非欧洲传来，而

是中国古已有之。

三是由于历代史官写史受皇权制约很大，难以秉笔直书，出土文物的"补充"，可使历史真相得到揭露。明万历皇帝当年推动经济改革，对自己约束很严，并启用张居正辅助治国理政。但他后期不再上朝，不见朝臣，历史记载对此有很多说法。1956年发掘明定陵有两个发现：一是专家查看了万历皇帝的尸骨，发现他的腿一长一短，腿残可能走路不便；二是他在位时为太子人选及把宠妃郑氏升为皇后死后与己合葬，和众大臣曾产生意见冲突，便不愿见到众臣，谕旨、上奏皆由太监传送。在打开的定陵中除了万历皇帝和两位皇后，果然不见郑贵妃踪影，这些都成为分析他晚年不上朝原因的依据。

四、陵墓蕴含的历史，促使我们思考南宋那个逝去年代的无奈和无情

与河南巩义市洛河南岸北宋八陵的规模和气势相比，位于绍兴的南宋皇陵既没有高大的陵台，也没有神道的石像生，整体相对比较简陋。据历史记载，绍兴元年（1131），孟皇后病逝于绍兴。为了将来能归葬北宋皇陵，孟皇后留下遗诏，入葬一切从简，"殓以常服，不得用金玉宝贝，权宜就近择地攒殡，候军事宁息，归葬园陵"（嘉泰《会稽志》卷六《陵寝》），于是她被就近葬在了绍兴。宋金议和后，宋高宗又把迎回的徽宗灵柩"临时下葬"在此。绍兴正式成为南宋皇陵所在，此后南宋六位皇帝相继长眠在这里。

孟皇后遗诏中的"攒殡",就是停柩等待迁葬的意思。南宋六陵都被称为"攒宫",即暂时殡葬的地方,待收复中原后再迁回巩义宋陵。

宋六陵的陵寝建筑沿袭了北宋旧制,也设有上宫、下宫和地宫,不失皇家等级规模。但不同的是,北宋诸帝陵园统一为坐北朝南,得山川之灵气,受日月之光华;南宋诸陵却坐南朝北,意在魂牵故土回师北方,薄土浅葬也是表达暂厝他乡、收复故地即归葬祖宗陵园的意思。可惜,南宋诸帝遗骨不仅没能如愿返归祖茔,反而在亡国后三次遭到浩劫凌辱。南宋末年在风雨飘摇中登基的三位小皇帝结局更惨,最后都葬在了逃亡途中的他乡。

"攒殡"也好"攒宫"也罢,"临安"也好"行在"也罢,"薄土浅葬"也好"坐南朝北"也罢,都是南宋帝王在向大臣和百姓"表达"收复中原的决心。可当年南宋历任统治者或在权位与领土之间摇摆,或对主战派缺乏信任互相掣肘,或者软弱无能丧失军事实力,南宋终于失去了收复中原的可能。作为一种"必要的"政治姿态,当时的百姓也许对那些"表态"还将信将疑。时至今日,再听"攒宫""临安""行在"之类的说辞,已成为历史无情哀歌中有气无力的叹息!

五、陵墓的兴废安危,启迪后人思考历史背后的政治逻辑

用心考察中国帝王陵墓,会发现一些历史规律。为什么明

朝皇陵一直安全而清朝皇陵屡屡被盗？一个重要原因是清军在攻打李自成的时候，为师出有名，竟打着为明朝崇祯皇帝报仇的旗号，以得到前朝遗民的支持。同时清朝吸取元朝对待汉族残暴统治的教训，设计了一套较完善的善待汉族的政策，积极学习汉族文化。同时没有像元朝宰相那样支持洗劫前朝（南宋）皇陵，相反对明十三陵加强了管理和保护，设置司香内使作为各陵管理人员，设置陵户负责陵墓的看护；《大清律》对盗毁明皇陵的行为做出了严格惩治的规定；清定都北京后，康熙皇帝亲自祭拜明太祖陵，还三跪九叩做足了文章，以显示自己的仁厚。

　　历史发展的轨迹，往往是某些政治逻辑的必然，而非纯粹道德的引导。清朝晚期官员贪污腐败成风，百姓苦不堪言；而清朝皇陵的屡屡被盗，大都发生在民国那个军阀混战、民不聊生的年代。生前死后的"长治"与否、"久安"几何，都要把百姓冷暖、民众情绪放在第一位，这是皇陵安危留给后人的政治启示。

严先生祠随想

以前去过两次杭州严子陵钓台，都是随着人流直上钓台高处，喜欢那种居高望远天风拂面的感觉。后来听说钓台下有座严先生祠，是北宋名相范仲淹被贬睦州时主持修建的，一直想去看看。

前段时间受桐庐统战部邀请，我们研究会一行前去参观座谈，这才有缘一睹祠堂风采。

弃舟登岸，主人陪同我们，走过"严子陵钓台天下第一观"的黑瓦白墙照壁，一座飞檐立柱、古意盎然的牌坊映入眼帘，上题"严子陵钓台"五个繁体字。

进入牌坊，又见一方照壁横卧，正面刻着《严子陵钓台文》，背面是节选自黄公望《富春山居图》的石雕山水画。照壁右侧，经过一扇名为"听泉"的圆门，就到了据说是东汉严子陵品茶看书的天下第十九泉了。

顺着天下第十九泉左侧看去，一排排石台阶向上延伸，我们正要拾级而上，主人告知："这里是去东台，我们要走个回头路。"一行人于是回身，折返到刚才的牌坊处。

继续前行没几步，一座青瓦白墙的建筑迎面而来，中开石条框架大门格外醒目。门楣横石上，用双钩技法镌着"严先生祠"四个字，两边石条上刻着一副对联："何处是汉家高士；此间有天子故人。"寥寥十四字，精炼概括了严子陵的身世际遇和历史地位。这，便是严先生祠堂了。

步入院内，正殿是坐北朝南的严子陵塑像。塑像左侧，是嵌入墙中已斑驳残缺的《严先生祠堂记》碑文。范仲淹修建严先生祠堂的历史记载，主要来自他的《严先生祠堂记》：

> 先生，汉光武之故人也。相尚以道。及帝握《赤符》，乘六龙，得圣人之时，臣妾亿兆，天下孰加焉？惟先生以节高之。既而动星象，归江湖，得圣人之清。泥涂轩冕，天下孰加焉？惟光武以礼下之。
>
> 在《蛊》之上九，众方有为，而独"不事王侯，高尚其事"，先生以之。在《屯》之初九，阳德方亨，而能"以贵下贱，大得民也"，光武以之。盖先生之心，出乎日月之上；光武之量，包乎天地之外。微先生，不能成光武之大，微光武，岂能遂先生之高哉？而使贪夫廉，懦夫立，是大有功于名教也。
>
> 仲淹来守是邦，始构堂而奠焉，乃复为其后者四家，以奉祠事。又从而歌曰："云山苍苍，江水泱泱，先生之风，山高水长！"

文章记述了范仲淹对严光的崇敬之情，以及为了纪念这位名士重修祠堂和免除赋税的历史。但走出祠堂，感觉若有所失。

此后多日，一直心有所念。听说有关方面准备重修严先生祠堂，这实在是件令人期待的善事。

近日得空，整理思绪，留下几点杂感。

一是实体场景更珍贵。范仲淹宦海沉浮三十余年，曾两度在今天的杭州辖区为官（1034年任睦州知府，1049年任杭州知府）。他在两次任期里，修建睦州府属孔庙以教学诸生，在东台山麓建严子陵祠并题记，主持修筑堤坝疏浚梅城西湖等水利设施，赈灾济民实施"荒政三策"，会见时任鄞县县令王安石，深情赋诗吟咏桐庐和西湖美景等，留下了许多相关历史记载。其中，唯有严子陵祠堂，是范公当年为政业绩中遗存至今、可以寻觅的实景地，堪可激发后辈睹物思人之情。许是严子陵钓台可看的东西太多，或因富春江畔放大山水效应容易激发文旅市场，想到此前去过的邹平醴泉寺对范公祠的礼敬和偏爱，想到江浙山水胜景多而历史人文景点不敌中原的现实，作为杭州为数不多的先贤祠，严先生祠堂的布局、展陈和思想格局，还是稍显不如。

二是祠堂特色更关键。严先生祠堂的主题，当然是严子陵。但此祠堂非彼祠堂。全国纪念严子陵的祠堂遍布桐庐、余姚、无锡等多地，而杭州桐庐严子陵祠堂的位置，既不是严光家乡所在地，也非严氏家族群居地。其特色在于：首先，此地为严光隐居之地，可让人在钓台高处品味山高水长的先生之风。其次，这里由范仲淹首开以州府名义修建严先生祠堂的善举。此后自宋至清，严先生祠堂被修建二十六次之多。范公的善举，被不同的时代传承，由此留下一系列相关历史记载，很值得挖掘和展示：第一，范仲淹不满足于只是重修祠堂。作为中国历史上著名的政治家和文学家，他为祠堂写下了流传千古的记文，文章对仗工整，对比强烈，言简意赅，令人过目难忘。南宋大学者朱熹评价道："钓台故有范公记文，词义甚伟，后人不容复措手矣。"（《书钓台壁间何人所题后》）。第二，记文写就，范仲淹特请挚友李泰伯提修改建议。李泰伯在击节叫好的同时，对原来"先生之德"提出异见："云山江水之语，于义甚大，于词甚溥，而'德'字承之，乃似趦趄（局促、急速之意），拟换作'风'字，如何？"范仲淹"凝坐颔首，殆欲下拜"。了解这段历史，游客可以对范公治学态度和记文内涵理解，上升一个高度。第三，范仲淹这样做后还不满足，又写信给当时的书法大家邵𫘬先生求字："又念非托之以奇人，则不足传之后世。今先生篆高四海，或能枉神笔于片石，则严子之风，复千百年未泯，其高尚之为教也，亦大矣哉！"（《与邵𫘬先生书》）从此，文人雅士登严子陵钓台时，谒严先生祠堂，读《严先生祠堂记》，赏书法大家的笔墨艺术，成了一种时尚。总之，桐庐的严先生祠不同于其他地区的严先生祠，祠堂东西厢房可以少放那些哪里都可以放、游客未必感兴趣的内容，将上述这些有关祠堂经典传神、彰显特色的历史记载，以适当形式予以展示传播，是严子陵祠展陈应有的题中之义。

三是范公不是归隐人。范仲淹在第二次贬官来到睦州时，竟然用官银修建了一个避官修为、不与官方合作的隐士祠堂，除了因他曾为高官的背景、敢作敢为的性情，恐怕更是因他触景生情，代入自身经历，感怀严子陵情操。也许，严子陵不事

〔元〕萨都剌《严陵钓台图》（台北故宫博物院藏）

权贵、人品高洁的情操，不仅让人高山仰止，也令范仲淹触景生情："我不也是不事权贵、为民请命才来到这块山水田园之地的吗？"但范仲淹和严光不同的是，他钦佩先生淡泊名利之风骨，但并无醉心隐士生活之性情。他说先生之风足以使"贪夫廉、懦夫立"，是对"入世"人群的期待；他不仅不惜笔墨盛誉严光，还诚心诚意赞赏了光武帝，"光武之量，包乎天地之外""微先生不能成光武之大，微光武，岂能遂先生之高哉"云云，都体现着范仲淹对明主贤君的赞赏和祈盼，抒发着借光武帝酒杯浇自家心中块垒的"入世"感怀。他不是单纯在欣赏避官修为的隐士生活，而是兼容他"居庙堂之高，则忧其民，处江湖之远，则忧其君"的双重政治抱负。毛泽东在湖南省立第一师范求学时，曾就如何评价严光与同学萧瑜有过争论。当时萧瑜写了篇《评〈严先生祠堂记〉》的文章，认为光武帝请严光出仕未必是求贤若渴，严光拜访光武帝亦表明其爱慕虚荣。毛泽东虽不同意这种见解，但对严光坚辞不仕的态度也持否定态度，认为严光应像早他两百年的张良辅佐汉高祖那样，用心去辅助光武帝；并提出古代贤者"有办事之人，有传教之人"，亦有"办事而兼传教之人"，而更可贵可佩的是那些"办事而兼传教之人"。毛泽东认为范仲淹就是这样的人。严光虽能"正风俗"却没出来"办事"，是一件憾事。

四是忧乐思想须挖掘。范仲淹主持修建的严子陵祠，不宜局限在就事论事的祠堂演绎上。这除了上述"还有很多相关历史记载值得挖掘"这一原因外，还因为：范仲淹"先忧后乐"的云水襟怀，是经过穷苦出身、儒学教化、深入民间、为民直谏、屡贬励志等人生阅历而逐渐形成的。他在睦州写下的《严先生祠堂记》和十二年后写就的《岳阳楼记》，同时被选入《古文观止》。这不仅说明范仲淹在文学史上的地位之高，也暗含着他遭贬黜时写就的《严先生祠堂记》，与其后在《岳阳楼记》中"先天下之忧而忧，后天下之乐而乐"的某种联系。范仲淹的一生，就是在他这种忧国忧民、犯颜直谏、多次遭贬、不改初衷中度过的。他"先忧后乐"思想的形成，与他的从政理想以及多次贬官的履职经历，是分不开的。这也是桐庐严先生祠堂的历史内涵。

五是把握基调励后人。虽然"先生之风，山高水长"的名句至今还在传颂，名士风骨令人高山仰止，贤相情怀被后世奉若神明，但随着文明社会的演进，如今效仿严子陵功成名就却不图名利的后继人，似乎很难见到了。历史的辩证法客观冷峻：世事常新亦有恒，人心思贤亦求安；先驱勇于率先捐躯，后辈甘于随后行事，几乎已成为今日社会的常态。随着文明社会人们珍爱生命意识和幸福生活动力的提升，古代社会名流和士大夫的人生传奇与高风亮节，在今天应该怎样传播，如何学习？沿袭以往的传扬方式，也许已不敷应用了。从灵魂层面挖掘古代先贤的精神价值，在制度层面分析他们"出师未捷"的因果关系，从文化层面透视英雄落幕的社会根源，在文明进步层面提示今人从中可以取舍扬弃的创新性内容，是时代赋予后人，特别是今天研究传承者的一个大课题。可惜对这种话题的思考、研讨和挖掘，我们做得实在太少。

图书在版编目（CIP）数据

宋韵静思 / 安蓉泉著. -- 杭州 : 浙江工商大学出
版社，2025. 6. --（宋韵文化丛书 / 胡坚主编）.
ISBN 978-7-5178-6549-0

Ⅰ. K244.03

中国国家版本馆 CIP 数据核字第 2025DE0413 号

宋韵静思
SONGYUN JINGSI

安蓉泉 著

出 品 人	郑英龙	
策划编辑	沈　娴	
责任编辑	刘　颖	
责任校对	杨　戈	
封面设计	观止堂_未氓	
责任印制	屈　皓	
出版发行	浙江工商大学出版社	
	（杭州市教工路 198 号　邮政编码 310012）	
	（E-mail：zjgsupress@163.com）	
	（网址：http://www.zjgsupress.com）	
	电话：0571-88904980，88831806（传真）	
排　　版	大千时代（杭州）文化传媒有限公司	
印　　刷	浙江海虹彩色印务有限公司	
开　　本	880 mm × 1230 mm　1/32	
印　　张	7.125	
字　　数	148千	
版 印 次	2025年6月第1版　2025年6月第1次印刷	
书　　号	ISBN 978-7-5178-6549-0	
定　　价	78.00元	